KB251350

-학교차원의 긍정적 행동지원에 대한 사례연구-

-학교차원의 긍정적 행동지원에 대한 사례연구-

한 학교
(와 세 명의 아이들)
이야기

■ 김미선 지음

한국학술정보㈜

머리말

　문제행동은 장애의 유무를 떠나 모든 학생과 연령대에서 나타난다. 특히 장애 학생이 문제행동을 지니고 있을 경우 수업환경 전체에 부정적인 영향을 미치게 된다. 이로 인해 학급운영은 물론 교수학습 활동이 제대로 이루어지지 않아 전반적인 교육목표를 달성하기가 불가능하게 되어 통합에 부정적인 영향을 미친다. 문제행동은 장애 학생만이 아니라 일반 학생의 경우도 심각하여, 학생들의 학교 내 폭력이나 반항행동, 집단 따돌림, 성폭력 등 심각한 문제행동에서부터 기본 질서에 반하는 행동들까지 사회적인 이슈로 대두되는 것이 현실이다. 최근의 연구들을 보면 다수의 학령기 학생들이 학교의 기대행동이나 학업의 기대치에 미치지 못하여 또래에 비해 덜 준비된 양상을 보인다. 이러한 문제는 개인의 문제가 아닌 학교 전체의 문제로 인식 전환이 필요함을 나타낸다. 학교 전체의 문제는 학력 저하와 학교 분위기의 변화 그리고 학생 개인 삶의 질적인 변화, 학교와 교사의 고유 역할과 업무의 변화 등을 초래한다. 이것은 문제행동이나 탈선은 개인의 문제가 아니라 전반적인 체제의 문제로 다루어져야 함을 시사하며, 학교생활과 학업에 필요한 기술이나 문제를 다루는 기술 교육 등이 학교를 중심으로 이루어져야 한다는 것을 뜻하게 되었다. 더불어 문제행동을 지닌 학생에 대한 가장 좋은 접근은 전형적인 발달을 보이는 학생들과 함께 자연스러운 환경 안에서, 특히 학교를 중심으로 진행되어야 함을 시사한다.

최근까지, 학교에서의 문제행동 지도는 문제행동이 있는 개개인을 일반 교실 밖으로 끌어내어 그들의 문제에만 국한하여 집중적인 지원을 해왔다. 이와 같은 교수법은 대개 학교로부터 분리된 교육 및 지원이라는 점에서 한계를 가지고 있었다. 학교는 지식의 증진과 함께 정서적인 지원의 분위기 조성에도 밀접한 관계가 있고 학생에게 가장 근접해 있는 생태적 공간이다. 학교가 지니는 이점은 다른 지역사회에 강한 기능적 연관을 주고 이를 통해서 유대감을 확산시킬 수 있다는 것이다. 문제행동 지도는 학교교육을 통하여 실시하는 것이 중요하며 개별적 지원뿐 아니라 집단으로서 학교에 대한 보편적 체제를 갖추는 것이 필요하다. 최근에는 학교 행정가, 특수교사 및 일반교사, 학생들 그리고 일반 사회인들에게는 학교차원의 체제를 변화시키는 접근 방식이 주요 관심사가 되고 있다.

이 책은 국내 한 초등학교의 이야기이다. 필자는 이 책을 통해서 장애 학생 3명을 포함한 학교에 대한 사례연구를 통해 학교 전체에 대한 보편적 지원과 장애 학생에 대한 여러 환경에 걸친 개별적 지원을 포함하는 학교차원의 긍정적 행동지원을 설명하고자 하였다.

학교차원의 긍정적 행동지원의 실행과정을 통해서 독자들은 학교차원의 긍정적 행동지원이 문제행동의 예방과 감소를 위한 효율적인 접근 방법임을 알고 교육현장에서의 실천 가능성에 대한 인식을 높일 수 있을 것이다.

책의 구체적인 구성 내용은 1장은 서론 부분이고 2장은 학교나 학급에서 일어나는 문제행동의 최근 동향을 비롯해서 학교차원의 긍정적 행동지원에 대한 주요 이론적 개념과 학교에서 행동지원을 실행할 때 절차에 대해 설명하였다. 제3장은 학교차원의 긍정적 행동지원을 실행하기 위한 연구의 틀을 설명하였다. 제4장은 학교차원의 긍정적 행동지원이 문제행동과 학교 분위기에 미치는 영향에 대해서 다루고 있다. 제5장은 학교차원의 긍정적 행동지원과 관계된 논의를 정리하고 향후 지역과 각 학교의 실정에 맞는 지원의 형태를 개발하기 위한 실천방안을 제시하였다.

이 책을 통해서 학교차원의 긍정적 행동지원의 개념과 지속적으로 진행되는 진단, 계획, 중재, 평가를 포함하는 역동적인 실제를 이해하고 특히 교육현장에서 학교차원의 긍정적 행동지원이 보다 적극적으로 활용되어 실효성을 거두는 데 도움이 되기를 바란다.

제3장

연구방법 / 53

제1장 서　론

1. 문제제기

최근에 초등학교에는 문제행동을 보이는 아동의 수가 증가하는 추세이며(정종진, 2003; Martella & Nelson, 2003; Scott, 2001) 특히 학생들의 폭력적인 문제행동은 언론의 관심을 불러일으키고 있다(Sprague et al., 2002; Walker & Shinn, 2002). 이러한 문제행동은 연령, 학년, 그리고 장애의 유무에 관계없이 나타나고 있으며(이소현, 박은혜, 1998) 이는 다수의 학생들이 또래에서 기대되는 학업과 행동과 관련된 기술의 결핍을 지니고 있음을 의미한다(Martella & Nelson & Marchand-Martella, 2003). 문제행동은 학생 자신의 학습과 사회적 발달을 방해한다. 뿐만 아니라 동료들의 학습과 수업의 원활한 진행, 긍정적이고 우호적인 교실 분위기 조성에도 어려움을 가져오고 있다. 학교에서 보이는 문제의 심각성을 볼 때 학교규칙 위반에 대한 문제(Reinke & Herman, 2002)와 반사회적인 행동의 증가(Biglan, 1995; Walker, Colvin, & Ramsey, 1995; McCurdy, Mannella, & Eldridge, 2003)는 심각한 학교문제로 대두되고 있으며 사회적 관심이 요구된다(이대식, 2003).

장애로 인한 심각한 정서적·행동적 문제를 가지고 있는 학생이 통합되어 있다면 교사는 교수활동에 더욱더 어려움을 갖게 될 것이다. 통합학급 내에서 장애 학생이 보이는 문제행동과 성공적인 통합은 대단히 밀접한 관계가 있다. 문제행동은 그들 자신의 학습과 사회적 발달을 방해하는 개인의 문제임과 동시에 급우들의 학습과 안전, 복지를 방해하며 수업의 원활한 운영과 학급 경영에 부정적인 영향을 미친다(김미선, 박지연, 2005). 이와 같은 순환적 양상은 장애 학생을 포함하여 또래 집단과 교실, 학교의 운영을 고려해야 하는 교사에게 현실적인 어려움을 가져왔다(김미선, 송준만, 2004). 문제를 보이는 학생들의 비율은 전체 학생 가운데 낮은 비율을 차지하고 있다(Kazdin, 1995; Shaffer et al., 1996; Susai et al, 2000; Taylor－Greene et al., 1997). 그러나 이들은 학교를 불안정하게 하는 주요한 요인으로서(Walker et al., 1996; Lewis & Sugai, 1999; Scott, 2001; Sugai & Horner, 1999) 상당량의 전문적 지식, 시간 그리고 체계적인 지원이 요구된다(Jones, Dohrn, & Dunn, 2004).

과거에는 일반학교에 통합된 장애 학생의 다양한 문제행동에 대해 학급 구성원으로서의 접근보다는 행동수정의 원리를 통한 중재가 이루어졌다. 문제행동에 대한 접근은 주로 문제가 있는 학생을 분리하여 별도의 공간에서 특수교사가 중재하는 학생 개별차원으로 이루어져 왔다. 그 결과는 일반화와 유지에 한계가 있었다. 또한 생활양식 전반에 걸친 삶의 질적인 변화를 끌어내지 못하였다. 박지연, 조윤경, 김미선(2004)의 질적 연구에서 통합학급 교사는 과거에 사용된 엄하고 강한 행동접근 때문에 현재의 행동문제에 대해 제대로 접근할 수 없는 경우가 많아 지도에 어려움을 느낀다고 하였다. 학생의 문제행동은 학급의 효과적인 운영과도 관계되기에(Scheuermann & Hall, 2008) 문제행동의 후속결과에만 의존하는 것은 아동의 문제행동을 감소시키고 적절한 행동을 교수하기에는 비효과적이다(Dunlap & Kern, 1993). 많은 연구자와 학자들은 문제행동에 대한 보다 효과적인 행동지원을 위해서 중다요소 중재, 가정과 학교가 연계해야 한다는 연속적 범주의 개입, 학교를 중심으로 한 예방적이고 긍정적인 접근을 강조하였다(Epstein, Kutash, & Duchnowski, 1998; Gottfredson, 1987; Gottfredson, Gottfredson, & Hybl, 1993; Gottfredson, Gottfredson, & Skroban, 1996; Guerra & Williams, 1996; Mayer, 1995; Skiba & Peterson, 2000; Sugai & Horner, 2002; Sugai et al., 2000; Walker et al., 1996).

학교차원의 긍정적 행동지원은 하나의 범위와 강도로 연결되어 예방하고 감소시키기 위한 과정(Colvin, 1991; Colvin, Kameenui, & Sugai, 1993; Lewis & Sugai, 1999; Lewis, Sugai, & Colvin, 1998; Taylor-Greene et al, 1997; Todd er al., 1999)의 새로운 시스템 적용을 의미한다. 학교차원의 긍정적 행동지원은 광범위한 학교환경(교실, 복도, 운동장, 식당, 도서관 등)에서 모든 학생들에게 직접교수를 실시하며 모든 학생들이 특정 문제행동에 대한 판별이나 의뢰 없이 보편적인 지원을 받는다(김미선, 송준만, 2004). 이러한 보편적 지원은 문제를 일으킬 수 있는 학생들에게 가장 효과적인 지원이 되며(March & Horner, 2002), 동시에 심각한 문제행동으로 인해 개별적인 지원이 필요한 학생에게도 효과적이다(Turnbull et al., 2002). 다인수 학급에서 교사가 문제를 지닌 학생에게 개별적인 지원을 실시함과 동시에 관련된 학생들에게 보편적인 지원을 실시한다면 문제행동을 지니고 있는 학생은 개별의 문제의 해결과 더불어서 그가 처하고 있는 조직 내에서 적응과 긍정적 행동의 유지에 진일보하게 될 것이고 학급, 학교 구성원에게도 긍정적인 영향을 미치게 될 것이다. 그러므로 학교차원의 긍정적 행동지원은 학교 구성원이 사용할 수 있는 현실적인 방법으로 일반 학생에게도 유용할 뿐 아니라 부적절한 행동을 보이는 학생을 통합 환경 밖으로 몰아내기 쉬운 기존의 행동관리방법을 대신할 수 있는 효과적이고 현실적인 방법이다(신현기, 2004).

2. 연구의 목적

최근 문제행동 자체의 변화뿐 아니라 환경을 조절하는 중재와 행동주의의 문제점이 논의되면서 응용행동 분석, 정상화·통합 운동 등 자연스러운 중재가 강조되었다. 이에 따라 인간중심의 가치가 대두되었고 긍정적 행동지원(PBS, Positive Behavioral Supports)이 실행되게 되었다(Janney & Snell, 2000). 긍정적 행동지원은 문제행동과 발달장애를 가지고 있는 개인에게 긍정적, 예방적, 교육적, 기능적인 중재를 폭넓게 실시하여 개인의 삶의 질을 개선하는 방향으로 진행되어 왔다(Carr et al., 1999; Sugai et al., 2000). 긍정적 행동지원은 문제행동을 예방하는 동시에, 교수적 변인을 판별하는 기능평가를 통해 선행사건 및 후속사건을 조작하여 다양한 중재방법을 통해 문제행동을 지원하는 것이다. 이것은 문제행동을 제거하고 대체행동을 교수할 뿐 아니라 중요한 사회적 학습결과를 성취하기 위해 실시되는 광범위한 체계적 개별화된 전략을 포함하는 것이다(Gerhardt & Holmes, 1994; 박지연, 2002). 다양한 평가와 지원절차가 교사, 가족, 주변 사람들이 포함된 자연스러운 환경에서 실시되어 전반적인 생활양식의 변화를 도모한다는 점에서 응용행동 분석과 다르다(Turnbull & Turnbull, 2001). 긍정적 행동지원을 통해 학생이 할 수 있는 기능 범위의 확장과 그 학생이 속한 환경을 재구성하여 체제개선을 고려하는 동시에(Carr et al., 2002; Turnbull et al., 2002), 궁극적으로 삶의 질을 변화시키게 된다(Meyer & Evans, 1993).

본 연구에서는 국내의 선행연구(김미선, 송준만, 2004; 김정선, 2004; 김미선, 박지연, 2005)에서 제기된 '긍정적 행동지원의 확대 적용'과 '중다요소 중재의 동시적 실시에 대한 실천적 연구' 등의 제언을 고려하여 학교차원의 긍정적 행동지원에 참여가 전체 학생의 문제행동과 학교 분위기에 미치는 영향을 알아보며, 학교차원의 긍정적 행동지원에 참여한 개별사례와 관련된 성과를 살펴보고자 개별 장애 학생의 문제행동과 삶의 질에 관계하여 나타나는 변화에 대해서 알아보았다. 이를 위한 연구문제는 다음과 같다.

첫째, 학교차원의 긍정적 행동지원에 참여한 전체 학생의 문제행동에는 어떠한 변화가 나타나는가?

둘째, 학교차원의 긍정적 행동지원 실시 전과 후에 학교 분위기에서 유의한 차이가 있는가?

셋째, 학교차원의 긍정적 행동지원에 참여한 장애 학생의 문제행동에는 어떠한 변화가 나타나는가?

넷째, 학교차원의 긍정적 행동지원에 참여한 장애 학생의 삶의 질에는 어떠한 변화가 나타나는가?

 ## 3. 용어 정의

1) 학교차원의 긍정적 행동지원

학교차원의 긍정적 행동지원(School-wide Positive Behavioral Support)은 다양한 문제를 해결하기 위해서, 만성적인 문제가 없는 모든 학생을 위한 예방에서 문제가 심각한 개인에 이르기까지를 체계적으로 지원하는 것이다.

본 연구의 중재로 실시된 학교차원의 긍정적 행동지원은 보편적 차원과 개인적 차원의 행동지원을 포함하는 개념으로 학교에서 학생들에게 기대하는 행동을 생성하기 위한 내용으로 구성된 중재이다. 초등학교 6학년 전체 학생에게 환경변화를 포함한 예방전략과 대체행동으로 학교생활에 필요한 사회적 기술교수를 실시하며 다양한 반응전략을 사용한다(Anhalt et al., 1998; Kamps et al., 1999; 2000). 동시에 문제행동을 지닌 3명의 장애 학생에 대해 기능평가 후 학생의 적절한 행동과 선호되는 삶의 질(Janney & Snell. 2000; Lucyshyn et al., 2002; Sugai et al., 2000)을 위하여 미리 준비해 놓는 반응적인 환경(Carr et al., 2002; Turnbull, 2002)을 계획 / 실시하는 프로그램을 의미한다.

2) 학교 분위기

학교 분위기(School Climate)는 학교가 지향하는 목표를 달성하기 위해서 긍정적이고 효과적인 학교의 창출(Spragie, Walker, 2005)과 관련되는 지지적이고 안정적이며 긍정적인 학교구조로 정의될 수 있다(Chapman & Hofweber, 2000; Colvin & Fernandez, 2000; Neresian et al., 2000). 이는 학교에 문제행동이 존재하지 않는 것이 아니라 심리적인 압박과 신체적인 결함에서 자유롭다는 것을 의미한다. 상호 협조적인 분위기 속에서 타인에 대한 관심과 존경의 가치에 기반을 둔 공동체(Janney & Snell, 2000)의 일원으로 장애 학생이 존재한다면 효과적으로 통합되어 있음을 나타낸다(Warren et al., 2003). 기존의 연구에서는 학교 분위기를 교무실 훈육 의뢰 수로 간주하여(Nelson, Martella & Marchand－Martella, 2002; Irvin et al., 2004) 구체적인 변화의 내용을 알 수 없다.

본 연구에서는 학교 분위기란 교사 경고, 수업환경(수업시간, 이동시간)에서 배제나 퇴출, 교감지도로 규정된 관리상 의뢰(Nelson, Martella & Marchand－Martella, 2002)와 학생의 학교(안전, 타인과의 관계, 사회성(Janney & Snell, 2000; Nelson et al., 1998), 학습·평가, 태도와 문화)에 대한 지각을 의미한다.

3) 삶의 질

삶의 질(Quality of life)은 기본적으로 장애 학생의 행복문제와 관련 있고 특수교육에서 교육, 전이 및 지원 프로그램의 계획과 시행 그리고 성과를 평가하는 개념이다(박재국, 2003). 삶의 질이란 장애 학생이 자신이 처한 주요 상황에서 보다 풍요로운 삶을 추구할 때 경험하는 것이다. 학생의 정서적 안녕, 대인관계, 개인적 발달, 자기결정, 사회적 통합 등에서 학생의 삶과 관계되어 개인적인 기대나 희망이 반영된 개념을 말한다(Brown & Brown, 2004; Cummins, 1997; Schalock, 2000; Schalock et al., 2002).

본 연구에서의 삶의 질이란 개인적 지원과 연결되어 학교생활에서의 사회적 관계, 수반되는 개인적 발전과 정서적 안녕에서 학생의 기대가 반영된 것을 뜻한다.

제 2 장 이론적 배경

1. 학교나 학급에서 일어나는 문제행동 중재의 최근 동향

1) 학교나 학급에서 일어나는 문제행동에 관한 중재

교사들이 학급 내에서 문제행동으로 주목하는 것은 수업을 방해하는 신체행동, 방해적인 소음 내기, 주위로 몸을 돌리는 것, 부적응한 과업행동, 다른 학생 몸 집적대기, 또래 관계 회피하기, 친구들과 싸우기, 허락 없이 말하기, 자리이탈, 소음 만들기, 다른 곳 쳐다보기, 학급규칙 위반하기, 교사의 수업에 주목하지 않기, 교사의 지시 거부하기, 주어진 과제 완성하지 않기, 수업 중 주의 집중하지 않기 등으로 나타났다(고동희, 이소현, 2003; 이소현, 1999; 임윤경, 2002; Artesani & Mallar, 1998; Carr, Taylor, & Robinsin, 1991; Kamps et al., 2000; Quinn, 2002). 이대식(2003)의 연구에서 초등학교의 부적절한 행동은 품행에 관한 문제와 공격적인 행동(Reed & Kirkpatrick, 1998), 주의가 산만한 행동(Edward & George, 1996)이라고 기술하였다. 학교와 교실 내에서 문제행동은 교사에게 있어서 중요한 관심사(이대식, 2003; 이소현, 1999)이며, 다양한 접근이 있었다. 이와 같은 문제는 단지 교실 내에서뿐 아니라 교실을 포함한 다양한 환경이 내재된 학교 전반에 걸쳐서 일어난다.

문제행동을 지닌 학령기 아동들이 가지는 주요 특성 가운데 하나는 부적절한 교실행동(Kazdin, 1995)과 이동에 있어서의 문제로 이런 행동들은 결과적으로 학교의 다양한 환경과 연결되어 또래 친구들이나 교사의 활동에 방해를 준다. 일반적으로 학교에서의 문제행동을 이야기할 때는, 이동활동과 관계되는 사항이 교육과정에 있어서 일차적이고 전체적인 구성에 포함되어 있음에도 불구하고 운동장이나 버스 승차장, 복도와 같이 학교활동과 관계되는 사항은 실제 평가나 프로그램의 조사에서는 분리되어 있는 것(George & George, 1987)으로 나타났다. 효과적인 이동규칙을 제공하는 데 실패한다면 이는 결과적으로 교실에서 배경사건으로 작용하여 부정적인 영향을 주는 것으로 나타났다(Horner et al., 1996). 따라서 학교에서의 문제행동에 대한 지원에는 교실 내에서의 행동에 대한 원칙과 이동에 대한 학교차원의 원칙이 고려되어야 하겠다.

학생이 문제행동을 가지고 있을 경우 자신과 다른 학생의 학습과 발전을 방해할 수 있는 정도가 높다는 것이 여러 선행연구를 통해 입증되어 왔다(Chandler et al., 1999; Fidura, 1987; Lewis, Sugai & Colvin, 1998). 학교에서의 문제행동은 일차적으로 안전한 학교운영을 위한 안전한 환경(Morrison, Furlong, & Morrison, 1994)을 유지하기 어렵게 하고, 결국에는 학생들의 학업적, 사회적 능력의 획득을 어렵게 한다(Durand & Carr, 1985; Sugai & Horner, 2002). 그동안 학교에서 일어나는 문제행동에 대한 중재는 주로 치료실 중심, 성인 주도나 통제 가운데서 실시되어 왔다(박순희, 박은혜, 오정민, 2001). 소거에 초점을 두고 발전된 행동수정을 통한 중재방법은 일반화와 유지에 심각한 어려움을 가지고 왔고 설사 문제행동이 감소되거나 없어졌다 해도 새로운 문제행동이 곧 그 자리를 대처하는 양상을 보여 왔다. 이러한 중재에 대한 반대 의견이 생겨나기 시작하면서 점차 자연스러운 상황에서 특히 학생이 학교환경과 긍정적인 관계를 맺고 유지하는 것과 학급과 학교의 운영을 통해서 바람직한 결과를 성취하는 것이 강조되고 있다(Scheuermann & Hall, 2008; Scotti et al., 1996). 더하여 바람직한 행동을 지원할 수 있는 방법에 대한 현장의 요구가 증가하는 것(박은혜, 박순희, 2001; 박지연 외, 2003)에 주목하여야 한다.

2) 긍정적 행동지원의 대두

긍정적 행동지원은 새로운 행동의 지도를 통해 학생이 할 수 있는 기능의 범위를 확장하려는 교육적 측면과 그 학생의 행동에 영향을 미치는 환경, 생물학적·사회적 사건 등 광범위한 관련 변인의 재구성을 도모하는 체제개선 측면을 포함하고 있다(김주혜, 박지연, 2004; 박지연, 2002; Carr et al., 2002; Kennedy et al., 2001: Koegel, Koegel, & Dunlap, 1996; Sugai et al., 2000; Turnbull et al., 2002). 긍정적 행동지원에서 사용되는 용어나 평가 중재전략의 면에서는 응용행동 분석에 바탕을 두고 있으나 기능평가를 바탕으로 교사, 가족, 또래 친구와 주변인들이 자연스러운 평가와 지원을 사용하여 전반적인 생활양식의 변화를 도모한다는 점에서 응용행동 분석과 차별된다(Turnbull & Turnbull, 2001). Stormont, Lewis, & Beckner(2005)는 교사들을 대상으로 학생들의 목표행동을 지원하는 전략에 대한 의견을 조사한 결과 참여자 모두 긍정적 행동지원에 대한 중요성을 보고하였다.

긍정적 행동지원과 같이 전인적이고 종합적인 행동지원을 강조하는 철학이 국내에도 소개되었고 이에 대한 관심이 증가하고 있는 추세이다. 긍정적 행동지원과 관련된 연구들이 통합교육의 확산으로 국내 일반 교육현장(심미경, 장덕돌, 2000; 양명희, 김미선, 2002; 이영철, 안창식, 1999; 정용석, 1997)에서 실시되고 있다. 복도, 운동장, 도서실, 실내수영장 등 점차 자연스러운 환경(양명희, 김황용, 1997; 이상복, 김진경, 1998; 임명화, 홍종관, 임신화, 2002)에서 지원이 실시되었다. 이경선(1999)은 정신지체 아동의 공격행동 감소에 사회적 기술 지도를 사용하였다. 문제행동 지도에 대한 다수의 연구들은 예방전략이나 대체행동 교수, 반응전략과 같은 긍정적 행동지원의 요소들을 포함하고 있다(박지연, 오주현 2003). 이성봉(2000)은 학교, 가정의 일상생활 속에서 일어나는 문제행동의 의도를 밝히려는 기능평가를 실시하였다. 고동희와 이소현(2003)은 기능평가를 통한 특수학교 교사의 긍정적 행동지원이 학생의 수업시간 문제행동에 감소와 적절한 행동을 향상시켰다는 결과를 보고하였다. 노현정(2003)은 기능평가에 기초한 선행사건 중심의 중재가 문제행동 감소와 과제수행 행동 및 과제 성취도 향상에 효과적이었다는 결과를 보고하였다. 이화영과 이소현(2004)은 교사가 부모를 교육하여 가족이 참여하는 긍정적 행동지원으로 장애 학생의 문제행동이 감소되었다는 결과를 보고하였다. 그러나 이와 같은 연구들은 긍정적 행동지원의 세 차원(Walker et al., 1996)(보편적 지원, 그룹차원의 지원, 개별적 지원)가운데 개인차원의 긍정적 행동지원의 틀에 국한되어 실시되었다.

학교차원에 대한 접근의 시도로서 김정선(2004)은 특수학교 내에서 문제행동에 대한 중재와 더불어 학급차원의 생활규칙을 개별 장애 학생에게 적용하는 것에 대한 긍정적인 지원의 효과를 보고하였다. 김미선과 박지연(2005)은 일반 통합학급에서 교육받고 있는 장애 학생을 포함한 학생들의 일반적인 문제행동을 예방하기 위해, 학급 전체 학생에 대한 기대행동 교수, 일관된 결과 적용 등의 보편적인 지원과 기능평가에 근거하여 장애 학생에 대한 개별적인 지원을 포함하는 학급차원의 긍정적 행동지원을 실시한 결과 학급 전체의 문제행동이 감소하였고, 개별 학생의 문제행동 또한 감소하였다고 하였다.

2. 학교차원의 긍정적 행동지원

1) 예방중심의 학교차원의 긍정적 행동지원

학교차원의 긍정적 행동지원은 심각한 문제행동과 발달장애를 가지고 있는 개인에게 포괄적인 중재를 실시하고 개선하는 방향으로 진행되어 왔다. 학교는 범죄 및 기타 사회적 문제의 예방에 엄청난 잠재력을 가지고 있다(Gottfredson, 1997). 학교는 학문에 기초하여 시작되고 유지되지만 지역사회의 문제에 대해서 기능적 연관을 가지고 예방적인 지원을 하여야 한다(Gottfredson & Gottfredson, 1996; Gottfredson, Gottfredson, & Skroban, 1998). 학교는 학업에 대한 전도성 있는 구조화된 환경과 안전을 제공하는 데 책임이 있다. 예방적인 준비에는 교실, 운동장, 식당, 복도, 특별실과 버스승차장 등 다양한 환경(setting)을 포함한다(Hirsch et al., 2004). 외현적인 문제를 보이는 학생들이 가지고 있는 사회성과 관계한 일련의 연구들을 보면 조기 중재에서 사용된 예방적인 요소들은 학령기의 다른 문제행동을 예방할 수 있다. 즉 덜 심각한 문제행동들이 보다 더 심각한 문제행동들로 발전하는 것을 막을 수 있다는 것이다. 따라서 학교에서 중재가 조기에 실현되는 것이 중요하다. 예방차원의 연구들을 보면 학업기술이나 사회적 기술을 직접교수하는 것을 요소로 정서적 능력의 결여(Frey et al., 2000)로 오는 문제를 포함한 사전 예방적

활동이 있었다(Gottfredson, 1997). 성과 여부를 살필 수 있도록 일정 기간 이상의 지속적인 실행이 포함(Kamps et al., 2000)되고 있다. 학교차원의 예방은 단지 학교 안에서 이루어지는 것이 아니라 방과 후와 가족까지 연결되어 있다. 학교차원의 예방 초점은 행동, 지식, 기술, 태도, 개인 학생의 신념의 변화 등을 포함하고 있다.

학교차원의 긍정적 행동지원은 유치원에서부터 초등학교까지(Lewis et al., 2002; McCurdy, Mannella, & Eldridge, 2003; Scott, 2001; Stormont, Lewis, & Beckner, 2005), 초등학교(Kennedy et al, 2001; Lewis et al, 1998; Netzel & Eber, 2003; Luiselli et al., 2005; Scott & Barrett, 2004), 초등에서 중학교(Kamps et al., 1999), 중학교(Kartub et al, 2000; Taylor-Green & Kartub, 2000; Turnbull et al., 2002; Warren et al., 2003), 지역교육청이나 주정부차원의 여러 학교(Nerseian et al., 2000; Smith & Hefin, 2001)에 이르기까지 학교, 학제단위, 학교단위를 연결해서 폭넓게 실시되고 있다. 이는 어느 특정 나이나 학제와 관계없이 모든 과정에 다양하게 적용될 수 있다는 것을 의미한다. 이러한 변화는 궁극적으로 중재 프로그램의 지속성을 가능하게 하며, 동시에 장기적 성과를 보장하게 한다. 특히 중재의 대상이 유치원에서부터 초등학교에 이르기까지 어린 학생들이 대부분인데 이는 문제행동의 조기 중재(Stormont, Lewis, & Beckner, 2005)와 예방적인 차원에서의 지원과 연관이 있기 때문이다. 장애 학생의 통합을 촉진하기 위해서는 문제행동에 대한 학교 전체의 지원이 필요하며 개별 학생에 대한 지원이 보다 포괄적이고 효과적으로 실행되어야 한다(Kennedy et al., 2001).

삶의 전 단계에 걸친 지원이라 함은 중재를 제공하고 얼마간의 시간이 지난 후에도 중재의 효과가 여전히 나타나는지 관찰하는 유지의 개념을 확장한 것이다. 다년간에 걸친 성장의 단계마다 장애학생이 보이는 문제행동의 변화에 민감하게 반응하면서 계속적인 지원을 제공하려고 하는 것이 그러한 노력이다. 학교차원에서 실시된 긍정적 행동지원은 단기간의 해결책이 아니라 체제적인 변화를 포함하여 장기간의 실행이 요구된다(Scheuermann & Hall, 2008). 많은 연구(Kamps et al., 1999; McCurdy, Mannella, & Eldridea, 2003; Nersesian et al., 2000; Netzel & Eber, 2003; Taylor－Green & Kartub, 2000; Turnbull et al., 2002; Warren et al., 2003)들이 1년 이상 최장 4년에 걸쳐서 장기간에 이루어졌다. 학교차원의 긍정적 행동지원의 시기가 청소년기만이 아니라 초등 혹은 유치원 학생들에게까지 확장되고 있다. 이것은 위험한 행동을 보이는 학생들이 증가했기 때문이기도 하지만 사후 교정 프로그램보다는 예방 프로그램의 효과성을 강조하는 것이라 하겠다. 긍정적 행동지원이 학교를 넘어서 지역사회를 포함하는 대안적인 교육 프로그램의 실행에까지 확장되고 있는데(Tobin & Sprague, 2000) 이 또한 예방의 폭넓은 차원이 강조 실현되고 있음을 나타낸다.

2) 학교차원의 긍정적 행동지원의 실행구조

학교차원의 긍정적 행동지원은 모든 학생을 위한 일차적 예방을 포함하는 것이다(Center on Positive Behavioral Interventions and Supports, 2004). 이러한 지원은 학교 내 긍정적인 분위기를 조성하는 데 도움을 주는 것이며 넓은 범주의 맥락 안에서 다양한 학생을 대상으로 실시한다(Colvin et al., 1997; Sugai & Horner, 2002). 또한 관련된 학생들의 범위와 각 학생의 지원을 위한 강도의 세기라는 두 개의 연속체 위에 존재하는 것이다(김미선, 송준만, 2004). 학교차원의 긍정적인 실행과 체계는 3가지 주요한 면의 예방(<그림 1> 참고)을 고려하여 연속성을 체계화하는 것이다(Walker et al., 1996).

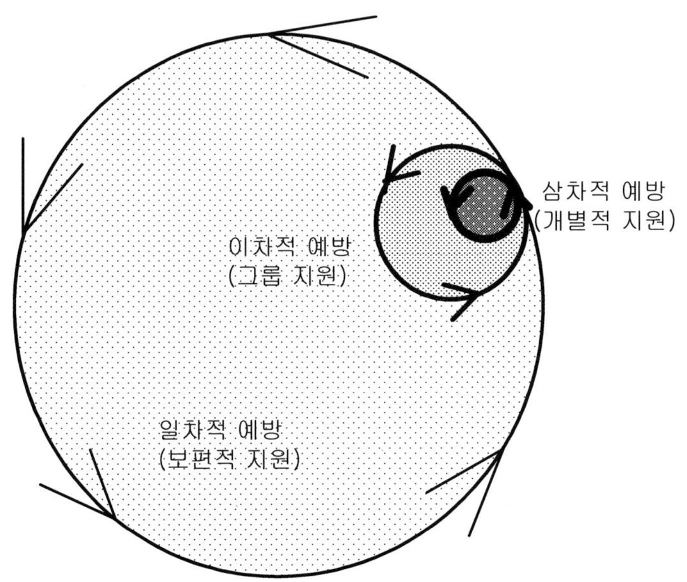

<그림 1> 개별적이고 예방적인 시스템을 강조한 순환적
지원으로서의 긍정적 행동지원

일차적인 예방(보편적 지원: universal support, 보편적 중재: universal interventions)은 모든 학생들을 위하여 문제행동의 새로운 사례를 감소시키는 데 초점을 두고 있다. 대부분의 학생들이 온순하고 별 문제행동을 보이지 않는 학교의 경우 보편적인 접근 방식이 긍정적인 학교 분위기를 강화하고 전체적인 문제행동을 감소시키는 데 성공적이다(Colvin et al., 1993; Lewis, Sugai, & Colvin, 1998; Taylor-Greene et al., 1997). 이러한 개선은 보다 만성적이고 심각한 문제행동을 보이는 학생들에 대해서 관심을 증가시켰다(Warren et al., 2003).

이차적인 예방(그룹 지원: group support)은 문제행동이 위험한 수준에 있어서 일차적인 예방보다 더욱 특별한 지원이 필요한 학생들과 일반적인 지원으로는 불충분하여 학교생활에 실패한 학생들의 수를 상대적으로 감소시키기 위하여 교육적, 행동적 지원을 준비함으로써 일어나고 있는 문제행동 사례를 감소시키는 데 있다. 그룹 중재들은 학교 내 특수한 환경이나 개별화된 교실에서 수행되었다. 사회적 기술, 자기조절 기술, 분노통제 훈련 등의 보다 특별한 교육과 학교의 기대행동에 대한 소그룹 훈련이 포함될 수 있다(Hawken & Horner, 2003; Lewis & Sugai, 1999; Lewis, Sugai, & Colvin, 1998).

삼차적인 예방(개별적 지원: individual support)은 보편적인 중재와 그룹 중재로는 불충분한 학생들에게 일련의 증가된 개별적인 지원을 실시하는 것이다. 개별적 지원은 심각한 정서적, 사회적 행동의 부재를 보이는 학생들에 의해 유발된 문제행동과 관계있다. 오랜 시간 지속된 복잡하고 수정하기 어려운 문제행동을 보이는 사례를 감소시키는 것이다. 개별적인 지원의 목적은 문제행동의 빈도를 감소시킬 뿐 아니라 학생의 학교생활을 포함한 삶의 전체적인 질을 개선하는 데 있다. 문제행동의 빈도, 복잡성, 강도, 기간을 줄이기 위해서는 특별히 고안된 개인적인 중재방법이 강조되었다. 문제행동의 기능과 관련된 가설을 테스트하기 위하여 기능행동 평가를 이용함으로써 문제행동들이 일어나게 되는 원인들을 해결하기 위한 개별화된 행동지원계획들을 개발하는 데 초점을 두고 있다(Foster-Johnson & Dunlap, 1993; Horner, 1994; Lewis & Sugai, 1999; O'Neill, Faulker, & Horner, 2000). 이를 위해서 팀을 기초로 한 행동지원계획, 기능을 기초로 한 중재 계획, 문제행동의 관련성, 친사회적인 행동의 증진과 교육, 포괄적인 개인중심 행동지원계획과 실행이 포함된다. 개별적 지원은 문제행동이 일어난 직후의 중재를 강조하는 전통적 행동수정 방법과 달리, 문제행동의 부재 시기가 최적의 중재 시기라고 규정하고, 문제행동과 같은 기능을 가질 수 있는 적절한 대체행동을 지도하여 문제행동을 사전에 예방하는 데 중점을 두고 있다.

학교차원의 긍정적 행동지원은 세 가지 차원의 지원을 실시하거나 보편적 지원과 개별적 지원을 실시하는 형태가 대부분이다. 세 가지 수준에서 보편적 지원이 강조된 연구는 문제행동에 대한 지원의 방향이 예방차원으로 나아가고 있음을 보여준다. 장애 학생을 포함한 전체 학생의 문제행동을 감소시켜서 시간적인 효용성(Lewis et al., 2002; Scott & Barrett, 2004)을 갖게 하는 것이다. Taylor-Green & Kartub, 2000)은 중학교 6-8학년 학생 500명을 대상으로 세 차원의 지원을 실시한 결과 처벌 의뢰 수가 감소하였고 사전 예방적이고 긍정적인 학교문화가 형성되었으며 학교관계자들에게도 긍정적인 변화를 가져왔다고 하였다. Turnbull 등(2002)은 중학교 6-8학년 762명 중 자폐성 장애를 가진 8학년 학생을 중심으로 세 차원으로 구성된 학교차원의 긍정적 행동지원을 실시한 결과 훈육 의뢰의 감소와 교사와 학생들 사이에 긍정적인 상호작용이 늘었고 장애 학생을 "학교의 일상적인 부분"으로 인식하게 되었으며 개별 학생의 문제행동이 감소되었다고 보고하였다. Warren 등(2003)은 중학교 6-8학년 724명을 대상으로 세 차원의 지원을 실시한 결과 훈육 의뢰 수가 감소하였지만 전문가 팀의 집중적인 중재가 끝나고 자문 역할을 강화한 3년차에는 문제행동이 증가하는 경향이 나타났다고 보고하였다. 학교차원의 긍정적 행동지원에 관한 연구들의 결과는 장애 학생만을 따로 중재하는 것보다 함께 중재하게 될 때 일반 학생과 장애 학생이 보일 수 있는 이질적이고 차별적인 정서적 문제까지도 해결될 수 있는 가능성을 나타내었다.

Netzel과 Eber(2003)는 초등학교를 대상으로 보편적 지원과 개별 학생에 대한 지원을 실시한 결과 정학이 감소하였고 다른 학교로 프로그램이 확산되는 결과를 가져왔다고 보고하였다. Hawken & Horner (2003)는 중학교 학생 487명에 대해서 학교차원의 목표행동 중재를 실시하고 4명의 학생에 대해서 개별적 지원을 실시한 결과 문제행동의 수준과 문제행동의 변이성이 감소하였으며 개별 학생들은 문제행동의 발생 없이 학급 내 활동에 참여하는 효과를 보고하였다.

Kartub 등(2000)은 중학교 6-8학년 525명의 학생들을 대상으로 점심시간의 소음 문제에 대해서 학교차원의 긍정적 행동지원을 보편적 차원으로 실시한 결과 소음 수준이 감소되었다고 하였다.

학교차원의 긍정적 행동지원의 중요한 면은 조직화된 운영과 관리, 시스템 변화의 원칙과 전략이 통합되어 있다는 것이다(Freeman, Smith, & Tieghi, 2003; Hienemann & Dunlap, 1999). 시스템 수준에서의 균형 있는 융합과 시스템 내에 모든 요소들의 집중을 유지하는 것이 중요한데 이를 위해서 Colvin & Fernandez(2000)는 다음과 같은 사항을 강조하였다. 첫째, 학교, 학급, 개별 학생 등 그 대상과 관계없이 측정할 수 있는 학습적, 행동적 결과를 고려하여 긍정적 행동지원을 제공한다. 둘째, 자료는 적절해야 하며 학교의 긍정적 행동지원팀은 학교차원의 긍정적 행동지원에 따른 개선 상태에 대한 의미 있는 정보를 수집할 능력을 갖추어야 한다. 셋째, 학생들의 변화를 극대화하기 위해서는 증거와 결과를 중심으로 하는 실행이 요구된다. 넷째, 명백한 자료 중심에 따른 실행과 자료 관리의 시스템이 정확하고 효율적이며 지속적으로 사용되어야 한다.

대부분의 학교차원의 긍정적 행동지원에 관한 연구에서는 지원의 구성요소 및 절차를 해당 학교의 구조적 실제와 문화에 부합하도록 조정하는 융통성이 강조된다. 학생의 개별적인 요구를 만족시키기 위해서는 그 학생이 재학 중인 학교의 체제가 우선 고려되어야 한다. 학교시스템 변화(Carr et al., 2002)의 합리적인 통합을 통해서 문제행동이 방지되며 주변 여건이 바뀌면서 질적인 변화가 수반된다. 이때 학교는 가정과 지역사회를 연결하는 의미 있는 역할을 하게 된다. 학교체제에 대한 지속적인 진단을 통해 학교 내부에서 발생한 문제를 스스로 점검하고 개선해 나갈 수 있도록 지원해야 된다고 하였다(Freeman et al., 2003). 이는 학교차원의 긍정적 행동지원이 동적이고 지속적인 모니터링을 수반한다는 것(Gottfredson, Gottfredson, & Hybl, 1993)을 의미한다.

3) 학교차원의 긍정적 행동지원의 성과로서 학교 분위기 와 삶의 질 변화

긍정적 행동지원은 사회적, 교육과정적, 생태학적 맥락, 무형의 영향력과 같이 다양한 지원체제(Carr, 2007)를 포함하는 접근이다(Dunlap & Kern, 1993; Munk & Repp, 1994). 학교 분위기의 조성은 문제행동 지원 프로그램의 실제적이고 성공적인 결과와 관계가 있다(Gottfredson, 1997; George, Harrower, & Knoster, 2003). Nelson, Martellan, & Marchand−Martella(2002)는 지역청 내 7개 학교에 학교구조의 변화, 교실관리 중재, 개별적인 지원과 프로그램의 유지와 평가에 지침을 실시한 결과 학교 분위기에 유의한 차이가 나타났다. 문제행동과 학교 분위기는 밀접한 관계가 있으며 분위기의 변화는 교사들로 하여금 학교차원의 긍정적인 행동계획을 받아들이게 만든다(Wheeler & Richey, 2005).

학교차원의 긍정적 행동지원 연구들에서 학교 분위기를 나타낼 때는 훈육 의뢰 수를 연결시켜서 보는 경우가 대부분이다. 문제행동과 관계한 훈육 의뢰에 관하여 McCurdy, Mannella, & Eldridge(2003)은 초등학교 재학 중인 유치부−5학년 500명을 대상으로 보편적인 차원의 지원을 실시한 결과, 훈육 의뢰의 감소와 공격행위와 학생 간의 싸움이 줄었고 교사의 만족도 점수가 증가하였다고 하였다. Irvin 등(2004)은 훈육관리에 대한 학교차원의 긍정적 행동지원의 실시 결과 학생들의 행동과 학교 분위기의 개선을 보고하였다.

학교차원의 긍정적 행동지원은 학생의 신체적, 물질적 안녕한 삶으로 연결되어 학생 삶의 질적인 변화를 수반하게 된다(Carr et al., 2002; Koegel, Koegel, & Dunlap, 1996; Turnbull & Ruef, 1997). 이는 개별적인 지원과 연결되며 그 핵심 요소는 장애와 비장애 간에 특별한 차이 없이 같은 요소로 구성된다. Schalock(2000)은 삶의 질을 정의하기를 정서적 안녕, 대인관계, 물질적 안녕, 개인적 발달, 신체적 안녕, 자기 결정, 사회적 통합과 권리라는 핵심 요소와 개인의 욕망이 반영된 개념이라고 하였다. 많은 연구자들의 결과를 종합하면 삶의 질은 한 개인의 필요나 요구에 직면하게 될 때 혹은 어떤 사람이 주요 생애의 상황에서 보다 풍부한 삶을 추구하게 될 때 경험하게 된다. 따라서 같은 내용일지라도 개인의 경험에 따라 개인적 기대가 반영된다(Brown & Brown, 2004; Cummins, 1997). 결과적으로 일상생활에서의 역량을 증진시키고 가족과 연계되어 가족의 스트레스 수준을 감소시키는 것이다. 삶의 질은 사회적 관계, 가족생활, 우정, 이웃, 거주지, 집, 교육, 건강, 생활수준, 국가의 상태 등 개인적 그리고 환경적인 요소에 의해서 다양한 결정권의 구조에서 영향을 받는다(Schalock et al., 2002). 긍정적 행동지원에서는 삶의 질을 결과로서 강조한다. 직접적인 성과를 보고한 연구로 Donald 등 (2002)은 긍정적 행동지원을 실시하고 면접을 통해서 삶의 질을 측정한 결과 전반적인 증진이 나타났다고 하였고, Simith-Bird & Turnbull(2005)은 학교차원의 긍정적 행동지원의 결과 학교와 가정에서 삶의 질적인 변화를 가져왔다고 하였다. 김정선(2004)과 고동희, 이소현(2003)은 긍정적 행동지원의 성과로 삶의 질 변화를 간접적으로 보고하였다.

3. 학교차원의 긍정적 행동지원의 절차

1) 협력팀 구성

학교차원의 긍정적 행동지원의 시작은 행동지원팀을 구성하는 것이다. 대부분의 협력팀은 교장과 교사 대표를 기본으로 하여 행동전문가로 구성되어 있다. 학교의 형편과 필요에 따라서 부모(McCurdy, Mannella, & Eldridge, 2003; Netzel & Eber, 2003; Smith & Hefin, 2001), 가족(Warren et al., 2003), 또래 친구(McCurdy, Mannella, & Eldridge, 2003) 혹은 학생 본인(Turnbull et al., 2002)을 포함하기도 한다.

학교차원의 긍정적 행동지원은 행동에 영향을 미치는 상황들에 대한 이해를 기초로 중재를 계획하고 그것을 매일의 일과와 환경에서 수행하는 것을 포함한다. 팀 구성원들 간에 개방적인 의사소통과 상호협력이 필요하고 책임을 분배하고, 자원을 공유하고 성공적인 적응을 위한 전망을 나눌 필요가 있다(Bambara et al., 2001). 행동지원팀은 효과적인 중재의 실행을 위해서 규칙적인 모임을 실시하여야 한다. 연구에 따르면, 대부분 평균 3주에 한 번 모임을 가지는 것으로 나타났고 개별적인 중재를 실시하게 될 경우에는 좀더 부가적이고 잦은 모임을 가지는 것으로 나타났다(김주혜, 박지연, 2004).

행동 중재에 대한 생태학적 타당성을 확보하기 위해서는 문제행동이 발생한 실제 환경(Scotti et al., 1996) 속에서 학생에게 교수된 기술과 중재의 효과가 자연스럽게 일반화되고 유지되어야 한다(Carr et al., 1994; Meyer & Evans, 1993). 이를 위해서는 지원에 참가한 사람들에 대한 훈련과 협력을 전제로 한다(Hieneman & Dunlap, 1999). 다시 말해서 문제행동을 가진 학생은 물론 그와 함께 날마다 많은 시간을 보내는 사람들이 적극적으로 참여하여야 한다.

2) 자료에 기초한 의사결정

자료를 토대로 한 의사결정은 학교차원의 긍정적 행동지원에 있어서 중요하다(Colvin & Fernandez, 2000; Nakasato et al., 2000). 자료는 첫째, 관심 대상을 정의하고 우선 순위화하며, 둘째, 관심 대상을 강조하기 위한 실행을 선택하고, 셋째, 바라는 결과를 성취하기 위해서 평가하고, 넷째, 장기적인 지원활동을 위한 계획을 수립하고 지속적인 목표를 달성하기 위해서 이용된다. 학교차원의 긍정적 행동지원에 있어서 수집된 자료들을 활용한 의사결정은 모든 학생들에게 사회적으로 교육적으로 중요한 성과를 얻도록 지원하는 과정을 통해서 발전되어 왔다(Hirsch et al., 2004; Suagi & Horner, 2002). 자료에 의한 의사결정이 중요한 이유는 긍정적 행동지원의 실행이 응용행동 분석의 경험적 토대를 기반으로 한다는 데 있으며, 여기에는 기능평가와 행동 중재 계획이 따른다(Alberto & Troutman, 2001; Sulzer-Azaroff & Mayer, 1994; Wolery, Bailery, & Sugai, 1988).

기능평가(functional assessment)는 문제행동을 이해하고 해결하고자 하는 과정(Dunlap & Kern, 1993; Munk & Repp, 1994)의 일환으로 첫째, 문제행동의 발생과 관련된 전후 정보를 수집하고, 둘째, 문제행동이 유지되고 일어나게 된 요인들을 정리하여 가설을 개발하고, 셋째, 이러한 가설을 바탕으로 효과적이고 효율적이며 관련된 행동 중재 계획을 적용하고 발전시키는 것이다. 행동 중재 계획은 기능평가의 정보를 바탕으로 학생과 가족의 중요한 사회적 정황에 참작하여 문제행동을 비효율적이고 비효과적인 것으로 만들고 보다 바람직하고 적합한 행동을 장려한다. 오늘날 연구들의 경향 중 하나는 사회적으로 적절한 행동을 지원하기 위해서 기능평가(Kern et al., 1994; Repp & Horner, 1999)를 실시하는 데 있다. 문제행동에 대한 지원은 사회적 맥락 안에서 관계된 행동의 기능과 의사소통의 목적으로 제공되어야 한다(Crone & Horner, 2003; Durand & Merges, 2001)는 것이 최근 학자 간 동의를 얻고 있는 접근법이다.

기능평가는 긍정적인 행동지원의 핵심적 특성으로 행동지원의 효과성(Durand, Berotti, & Weiner, 1993; Neef & Iwata, 1994)과 효율성(Horner, 1994; Sturmey, 1994)을 높이기 위한 정보를 수집하는 과정이다(Arndorfer et al., 1994). 문제행동에 대한 기능평가는 긍정적 행동지원에 중요한 중재요소(O'Neill et al., 1997)이며 학교생활에 성공하지 못하고 있는 학생의 가치 있는 프로파일과 중요한 정보를 제공하는 데 도움을 줄 수 있다. 높은 비율의 문제행동을 하는 아동에 대해서 왜 그러한 문제행동을 하는지(Ellis & Magee, 1999; Horner & Carr, 1997; Ingram, Lewis-Palmer, & Sugai, 2005; Iwata et al., 1993)에 대한 기능평가를 통해서 가설을 세우고 그에 따른 중재를 제공한 결과 교육과정 내에서 효력이 나타났고 문제행동은 실질적으로 배제되었다(Arndorfer et al., 1994; Umbreit, 1995). 이성봉(2000)은 학교, 가정의 전반적인 일상생활 속에서 일어나는 문제행동의 의도를 밝히려는 기능평가를 실시하였다. March & Horner(2002)는 24개 중학교를 대상으로 전통적인 중재에서는 변화를 보이지 않던 학생들에 대해서 학교차원의 기능평가를 실시하여 중재를 실시한 결과 문제행동 개선에 효과가 있음을 보고하였다.

훈육 의뢰 수나 정학 등 학생 관리의 형태는 문제행동의 기능을 파악하고 중재의 수준과 중재의 효과를 결정하는 기초 자료로 사용되기도 한다. Nelson, Martella, & Galand(1998)는 초등학교 594명 학생을 대상으로 규칙과 권리 위반에 대해서 직접교수와 토큰 강화를 이용한 보편적인 중재를 실시한 결과 훈육 의뢰 수가 감소하였고 학교 전체를 통해서 명확한 규준을 세우게 되었고 긍정적인 교육활동의 효과가 나타났다. Walker 등(2005)은 학교에서의 실패를 지닌 초등학교 3학년 72명 학생을 대상으로 학교차원의 긍정적 행동지원을 실시한 결과 교무실 훈육지도의 수가 감소하였다. Nelson(1996)은 2개 초등학교에서 2년에 걸쳐 학교 훈육에 대해서 조직적인 실행과 학교차원에서의 학급관리 그리고 개별적인 행동지원 프로그램을 실시하였다. 그 결과 훈육활동의 40%가 감소하였고 교사들의 직업적 스트레스가 감소되었으며 만족도가 향상되었고 학생들의 사회적 적응과 학업수행 그리고 학교 생존기술의 증진이 보고되었다. Metzler 등(2001)은 3개 중학교 6-8학년 학생을 중심으로 포괄적인 행동 중재를 위하여 적절한 기대행동 교수, 긍정적인 행동에 대한 티켓을 발부하고 칭찬과 보상을 포함한 강화, 후속결과의 조절, 학생들의 행동에 관한 자료의 모니터링을 포함한 학교차원의 긍정적 행동지원을 실시하였다. 적절한 사회적 기술이 증가하였고 학교 전체적으로 공격적인 행동이 감소하였으며 교무실 훈육지도 의뢰는 감소하였다고 보고하였다. Colvin과 Kameenui(1993)은 중학교 학생들을 대상으로 사전 예방적이고 학교에서 필요한 이동 기술을 가르치는 학교차원의 긍정적 행동지원을 적용한 결과 교무실 의뢰 수가 50% 감소하였다고 하였다. Scott(2001)는 초등학교 재학 중인 유치원–5학년 학생 500명에 대해서 학교환경의 구조화와 선행사건 중재, 직접교수와 강화 및 재지도가 포함된 보편적 차원의 중재를 실시한 결과 학교관리 차원의 훈육 의뢰 수가 감소하였다고 하였다. Netzel과 Eber(2003)는 10개 초등학교를 대상으로 교사교육과 기대행동 교수와 보상을 포함한 보편적인 차원의 지원을 실시한 결과 정학 비율이 22% 감소되었다고 하였다.

3) 중다요소 중재

그동안의 문제행동에 대한 중재는 중재를 제공한 후 결과가 유효한지에 관심이 있었다. 많은 중재들이 효과적으로 보고되었지만 장기적인 면에서 긍정적인 영향을 주었는지에 대해서는 어려움이 있어 왔다. 실제적으로 중재가 종료된 후에 학생들은 또 다른 문제행동을 하는 등의 과제가 남아 있었다. 단일 중재나 단일 문제해결 방식은 오늘날 교육자들이 직면한 거대 사회문제를 해결하기에는 부족한 면이 있다(Sugai & Horner, 2002). 학교차원의 긍정적 행동지원의 다양한 성과를 검증하기 위해서 단일 측정치가 아닌 학생의 문제행동이나 참여, 일과를 마치는 효율성 수준, 학생의 삶에 대한 성인 및 또래의 인식, 중재 절차의 타당도 평가 등 다수의 측정치가 다루어지고 있다(Clarke et al., 2002). 효율적인 학교차원의 긍정적 행동지원을 위해서는 광범위한 중다요소 중재 계획이 필요하다(신현기, 2004). 대부분의 연구는 교실행동 중재, 사회적 기술교수, 또래교수, 토큰 강화, 교사훈련, 단서 제공, 기능평가, 사전교정과 감독, 행동지원팀의 강화와 지원, 선행사건 중재, 환경에서의 직접교수, 사전 예방적인 전략 사용 등 다양한 중재를 복합적으로 사용하고 있다.

(1) 기대행동에 대한 정의와 환경의 구조화

기대행동은 문제행동의 예방을 강조하는 효과적인 개별화된 중재 전략인 동시에 문제해결 과정이다(Janney & Snell, 2000). 학교차원의 긍정적 행동지원에서는 문제행동에 대한 학교의 규칙이나 기대를 분명히 정의하고 환경의 배경을 조절(Dunlap et al, 2000; Horner & Carr, 1997; Foster-Johnson & Dunlap, 1993)하는 것이 가장 기본적으로 실시되고 있는 내용이며 제일 많이 사용된 중재이다(Lewis et al. 2002; McCurdy, Mannella, & Eldridge, 2003; Scott, 2001; Netzel & Eber, 2003; Luiselli et al., 2005; Kartub & March, 2000; Nerseian et al., 2000; Smith & Hefin, 2001). 학교차원의 긍정적 행동지원에서 대부분 보편적인 차원의 기본 중재로 사용하는 것은 학교규칙을 정비(McCurdy, Mannella, & Eldridge, 2003; Scott, 2001; Scott & Barrett, 2004; Taylor-Green & Kartub, 2000; Turnbull et al., 2002)하거나 정리(Lewis et al, 2002)하는 것이다. 이것은 전체 학교환경을

구조화하거나 특정 환경(식당, 운동장, 이동시간, 복도, 체육관 등)을 구조화하는 것과 같은 분위기 개선 작업(Warren et al, 2003)을 실시하는 것이다.

학교에서 학업과 관련된 지시에 대해서 이해하기 어려운 행동을 하는 학생에 대해 교수환경적 변인을 조정하는 중재를 제공한 결과 문제행동이 감소하고 참여도가 높아졌다(Kern et al., 2001). Grossman 등(1997)은 초등학교 2-3학년 49학급을 대상으로 청소년기의 폭력적인 행동을 예방하기 위해서 학교환경을 개선하고 교실에서의 감정이입과 사회적 문제해결에 관한 자문 프로그램을 실시하여 신체적 공격성을 감소하고 친사회적인 행동을 증가시켰다고 보고하였다. Nelson 등(2002)은 7개 초등학교 학생을 대상으로 문제행동 예방을 중심으로 한 학교 프로그램을 실시한 결과 학교에서의 수업활동과 학업수행에 효과를 나타냈다고 보고하였다. Scott와 Barrett(2004)의 초등학교 학생들을 대상으로 한 연구는 강화계획과 학교환경의 구조화를 기반으로 한 보편적인 지원을 통해서 문제행동이 감소하였고 교장 업무 시간이 절약되었으며 행동지원을 위해서 사용하던 재정의 절약 효과를 가져왔다고 하였다. Todd 등은(2002) 초등학교 내 운동장에서 일어나는 문제에 대해서 자료에 기초하여 지원팀을 운영하고 휴식시간에 대한 기대행동 교수와 연습을 포함한 학교차원의 긍정적 행동지원을 실시한 결과 교무실 행동관리 의뢰 수가 감소하였다. 공동 놀이의 증가와 문제해결의 증가는 운동장 문화를 변화시켰으며 중재에 대한 교사 만족도가 향상되었다고 하였다.

많은 연구자들이 학교규칙과 환경의 구조화를 학교차원의 긍정적 행동지원에 있어서 기본적인 중재요소로 접근하고 있다는 것을 알 수 있으며, 전체 학생에 대해서 보편적인 중재를 할 때 학생들에게 기대행동을 분명하게 해야 한다는 것(Baker, 2005; Freeman et al., 2005; Lewis & Sugai, 1999; Sprague, Walker, 2005)을 지지하고 있다.

(2) 사회적 기술교수

학교차원의 긍정적 행동지원의 주안점은 단순하게 원하지 않는 행동을 억압하는 것이 아니라 새로운 사회적, 정서적 기술을 가르치고 적용 가능한 행동 패턴을 늘리는 것이다(Carr et al., 1994; Evans & Meyer, 1985). Luiselli 등(2005)은 이와 같은 접근이 학생들의 훈육 문제뿐 아니라 학업성취에 공헌한다는 점을 강조했다. 사회적, 정서적, 행동적 문제가 더욱 심각하게 발전하는 것을 저지하면서 학생들이 지녀야 하는 사회적 핵심능력을 발달하도록 촉진하는 접근법(Frey et al., 2000)은 문제가 있어 집중적인 행동지원이 필요한 학생에게 구체적인 교수를 제공하는 것뿐 아니라 모든 학생들에게 필요한 사회-정서적 능력 촉진에 주목하는 것이다.

많은 연구에서 다양한 예방적 중재와 함께 기술교수 특히 사회적 기술교수(Sprague et al., 2001; Kamps et al., 1999; Stormont, Lewis, & Beckner, 2005)를 통하여 문제행동 감소의 결과를 나타내고 있다. 학교에서의 문제행동을 위한 중재는 행동문제가 있는 학생들이 지니는 부적절한 사회적 기술과 사회적 행동, 사회적으로 수용될 수 없는 행동을 우선 고려해야 한다(정종진, 2003). Lewis, Sugai와 Colvin(1998)은 초등학교 1-5학년 11명을 대상으로 사회적 기술 훈련을 포함한 학교차원의 긍정적 행동지원을 보편적 차원에서 실시하였는데 전체 문제행동의 빈도가 식당, 운동장, 이동시간에서 모두 감소한 것으로 나타났다. O'Hearn과 Margaret(2002)는 2개의 중 고등학교 학생 525명을 대상으로 사회적 기술의 문제에 대해서 학교차원의 중재를 실시한 결과 문제를 해결하는 기술과 지식을 획득하였고 학교생활 기술의 지식이 향상된 것으로 나타났다. 더욱이 고등학생의 경우는 지역사회에서 돕는 역할을 경험하게 되는 기회를 갖게 된 것으로 보고되었다.

(3) 기타 다양한 형태의 중재전략

Gottfredson & Gottfredson(1996)이 학교차원의 예방적인 지원에 대한 연구들을 분석한 결과를 살펴보면 149개의 연구 중 대부분의 연구(94%)는 다양한 요소(학생의 직접교수 78%, 교실 운영 66%, 교수전략 49%, 행동 규칙 33%, 행동 동기화 27%, 또래 상담 16%, 상담 14%, 여가활동 제공 10%, 학교환경변화 10%, 학생 그룹 재조정 5%, 멘토링 3%)로 구성되어 있다. 약 40%의 연구에서 위의 요소 중 4가지 이상을 전략화한 것으로 나타났다. 김주혜와 박지연(2004)의 분석에서도 비슷한 결과를 찾을 수 있다. 최근 10년간 학교차원의 긍정적 행동지원에 관한 연구에서 15개의 연구 중에서 단일 중재를 사용한 연구는 없었다. 대부분의 연구들이 강화전략, 사회적 기술교수, 사전교정, 환경에서의 직접교수, 또래교수 등의 순으로 다양한 중재전략을 조합하여 사용하고 있었다. 많은 연구(80%)들이 3가지 이상의 중재요소를 사용하였다. 대부분의 연구들에서 학교차원의 긍정적 행동지원의 주요 전략으로 포함하는 것은 학생에 대한 직접

교수와 학급운영 전략이라는 것을 알 수 있다.

　Nelson(1996)은 학교에서 공격적 혹은 산만한 행동 양상을 보이는 학생들을 대상으로 학교 전반적인 시설(복도, 화장실, 교실, 식당, 운동장)에서 문제행동에 대한 다양한 반응 대가와 또래교수를 사용하여 학교 분위기, 교사, 학생들에서 긍정적인 결과를 보고하였다. 체계적인 반응과 교실구조 수정을 실행하여 예방효과와 학업수행 면에 긍정적인 결과를 가지고 왔다. 토큰 강화를 포함하여 비슷한 구조로 지원을 했을 때 문제행동뿐 아니라 전학생의 학교적응 정도가 높아지고 교사의 추가적인 시간의 여유가 발생하여 학생 지도에 대한 시간이 늘었다(Lewis et al., 2000).

　또 다른 접근은 일상적인 학교문화의 변화와 학생의 행동에 대한 동기적 접근이다. 인간 존중(Colvin & Fernadez, 2000; Artesani & Mallar, 1998)과 학교학습의 극대화((Nelson, Martella, & Marchand-Martella, 2003)를 위한 긍정적인 분위기 조성(Colvin, Kameenui, & Sugai, 1993; Lewis, Sugai, & Colvin, 1998; Taylor-Greene et al., 1997) 등이다. 학생의 행동은 자신의 태도, 신념, 성격에 영향을 받으며 또래의 그것에 직접적으로 영향을 받는다. 행동의 동기나 직접교수와 같은 보다 개별적인 목표 중재는 개인적인 요소를 효과적으로 변화시키기 위한 새로운 접근이다. 여러 가지의 개인적인 요소(예를 들어서 낮은 자아 존중감, 잦은 학업적 실패의 경험, 유해물질의 사용)들은 문제행동의 원인임과 동시에 하나의 단순한 중재보다는 내적으로 연관된 세트를 통해서 해결될 수 있다는 점에 주목해야 한다. 학생들은 학급의 요소로 관련이 되어 있고 어떤 행동에 대해서는 격려하거나 낙담시키는 분위기 양식을 지니고 있다. 학급은 학교의 모든 활동을 포함하는 커다란 연관 고리 내에 존재한다. 학생을 가르치는 교수 프로그램은 학교와 학급환경에서 자연스럽게 일어나는 상황에 대해서 즉각적으로 반응하는 양상을 지닌다. 따라서 다양한 중재를 하나의 요소로 고려하여야 한다(Elias et al., 1994).

제 3 장 연구방법

1. 연구 참여자

1) 연구 참여 학교 및 학생

본 연구의 참여 학교는 경기 지역에 위치한 E 초등학교이다. 수업시간과 이동시간에 다양한 문제행동으로 학교장을 비롯하여 교사로 하여금 운영에 어려움을 주고 있었다. 학교차원의 긍정적 행동지원에 참여한 학년은 교사들이 자신들의 학급에 문제가 많아 학급운영에 어려움을 토로한 6학년으로 6개 학급 237명이었다.

연구에 참가한 6학년의 경우는 수업시간에 집중하는 행동의 결여로 인해서 교사가 자주 수업활동을 중단해야 하거나 수업 중 교사의 지시를 거부하면서 아무것도 하지 않는 등의 심각한 문제행동을 나타냈다. 상급학교 진학을 위한 준비, 학교에서의 규칙과 타인을 존중하는 등의 긍정적인 사회적 관계를 위한 교육의 필요성에 대한 공감이 학교관계자 간에 있었다. 그러나 실제 운영에 있어서는 이와 달랐다. 학교장과 교사 간 혹은 교사와 학생 간에 있어서 학교·학급의 원칙이 정해져야 함에도 불구하고, 일상적인 교사와 학생 간의 관계는 일방적이었다. 학교 운영과 학사 일정은 교과서 위주의 지식수업으로 이루어지고 있었으며 각 담임교사 중심의 선호활동이 특별한 경계가 없이 편의에 따라서 제공되고 있었다. 또한 학교장 중심의 특별활동은 결과에 대한 상벌체제로 이루어지고 있어서 학생들의 동기와 교직원의 참여가 낮았다.

참여 학교의 교사와 학생에 대한 특성에 대한 정보는 6학년 담임 교사와 교과전담교사 그리고 6학년 학생들을 대상으로 실시한 문제 행동의 발생과 학교 분위기에 대한 보고자 보고 자료와 참여 학교 선정을 위한 교장과의 면접과 연구자 관찰로 수집되었다. 특히 참여 교사 대부분이 심각하다고 보고한 내용은 이동시간과 쉬는시간에 일어나는 문제였다. 복도에서 학생들은 뛰고 장난을 치며 소리를 지르고 급우들에게 상호 폭력적인 언어와 행동을 아무렇지 않게 사용하고 있었다. 교사들은 이를 문제라 여기면서도 일관된 지도체계를 가지고 있지 않았다. 때로는 경고를 하거나 혹은 지나치기도 하였다. 또한 이동시간에는 담임교사에 따라서 학교 밖으로 나가서 활동하는 경우가 많은 데 비해서 체계적인 관리가 이루어지지 않았다. 6학년에 재학 중인 장애 학생들은 전체 학생과 맥을 같이하는 행동문제와 개별적인 문제들에 대해서 특별한 지원 없이 학급에 묻혀 지내는 상태였다. 장애 학생들에 대해서는 교사와 일반학생 모두 특별한 관심이 없고 주목할 만한 상호작용은 보이지 않았다.

전반적인 학교의 분위기는 명랑하고 밝으나 통제되지 않은 것으로 나타났고 학교장, 교사, 학생 모두 학교의 문제를 인식하고 있었다. 학교장의 경우 학교관리에 대한 인식과 필요성을 강조하였다. 이에 비해서 교사는 학업적 지도가 학생문제 지도보다 우선한다고 생각하고 문제에 대해서 잘못 개입할 경우 학생과 학부모의 반발을 살 수 있어서 대부분 지도 없이 지나간다고 하였다. 또 몇몇 교사는 문제 행동에 대한 학교장의 관심이 교원의 전문성에 대한 간섭이 될 수 있다는 우려를 나타내기도 하였다. 학생들의 경우 학교에 많은 행동

문제가 있다고 보고하였으나 장난으로 이루어지는 것이라고 말하였고 학교에서 행동문제에는 적극적으로 간섭하지 않는다고 답했다. 참여 학교의 전체적인 특성은 <표 1>과 같다.

〈표 1〉 참여 학교의 특징

	내 용
학교 환경	• 학교 근처에 재래식 시장이 있음 • 상가지역에 위치하여 소음이 많음 • 학교의 정문과 후문이 모두 시장과 통하게 되어 있음 • 학교의 후미진 곳에 쓰레기가 있고, 운동장에 먼지가 많음 • 학교 운동장 한쪽으로 작은 쉼터가 조성되어 있어서 주민들의 왕래가 잦고 학교 안과 밖에 대한 경계가 불분명함 • 학부모 80%가 소규모 상업이나 비정규직에 종사
학교 분위기	• 교사 / 학생 모두 "원래 시끄러운 학교"라고 규정지음 • 교사 / 학생 모두에게 자유롭고 통제되지 않은 분위기 • 쉬는 시간에 자유롭게 학교 밖을 나가거나, 운동장을 실내화를 신고 다녀도 제지하지 않는 등 전반적으로 학생들에 대한 관리 감독이 없음 • 교과서 중심의 지식전달 위주 교육 실시 • 전체 학부모회의 참석률 10% 미만
교사	• 학교의 개선에 대한 지지를 표명 • 전반적으로 학생들에 대한 교육적 기대가 없음 • 6학년 담임교사의 경우 남교사(1명), 여교사(5명) - 경력 3년차 이내(1명), 3–10년차(2명), 10–20년차(2명), 20년차 이상(1명) • 학생에 대한 태도: 권위적, 일방적 의사소통 • 학교관리자에 대한 태도: 교사의 독립권을 주장하며 일방적 지시 전달 체계에 대해서 비판적

	내 용
학생들	• 학교에 오는 것을 즐거워하고 시끄럽고 다소 문제가 있지만 좋은 학교라고 말함 • 대체로 학교에 대한 기대가 없음 • 학업에 대한 의욕이 전반적으로 결여됨 • 모든 행사가 수업 위주라고 생각함 • 학생 상호간의 의사를 대체적으로 거친 행동이나 과격한 언어로 표현함

2) 개별적 차원의 긍정적 행동지원 참여 학생 (사례연구 참여자)

개별적 차원의 긍정적 행동지원 참여자는 실험 참여 학교의 6학년 학생 중 부적응 행동을 지닌 장애 학생들로 선정하였다. 각 학급에서 담임교사의 보고에 의해서 문제행동을 지닌 장애 학생으로 개별적인 지원의 요구가 있는 학생을 대상으로 하였다. 그 가운데 부적응 행동이 심하여 학급운영에 심각한 어려움을 가중시켜 학급에서 우선적으로 중재가 필요하다고 판단된 학생으로 연구 참여에 본인과 부모의 동의를 얻은 학생 3명을 개인별 차원의 지원 참여자로 선정했다.

민음이는 11세 8개월 된 정신지체 남학생으로 사회적 미성숙과 주의집중에 문제를 보였다. 타인과 기본적인 상호작용을 하고 자발적인 대인관계를 형성할 수 있으나 자기주장, 고집, 어린아이와 같은 반응과 거친 언어의 사용으로 관계의 지속에 문제가 있었다. 수업에 대한 관심과 의욕은 없지만 학교에 오는 것을 좋아하고 점심시간에는 화단에 가 있기를 좋아하였다.

소망이는 12세 4개월의 정서 및 행동장애 남학생으로 잦은 폭력을 행사하는 아버지와 살고 있었다. 학생은 위축과 우울 / 불안을 나타내고 공격성 수준이 높은 것으로 나타났다. 수업시간과 이동시간의 문제행동과 함께 타인을 때리거나 교사에게 부적절한 말하기 등의 문제행동을 가지고 있었다. 이러한 문제행동은 특히 교과목의 난이도에 따라서 증가하는 경향을 나타냈다.

사랑이는 12세 1개월의 정신지체 여학생으로 신체증상, 우울 / 불안, 비행, 공격성의 영역에서 임상 범주에 있었다. 특히 우울과 불안이 높은 수준으로 나타났다. 친구들에게 주는 것을 좋아하지만 상황에 적절하지 않은 방법을 사용하고 수업시간의 소음 내기, 지시 거부하기, 소리 지르기, 웃다가 울고 짜증내기, 맥락과 관계없이 실실 웃기, 부정적인 의사표현 등 다양한 문제행동을 가지고 있었다.

개별적 차원의 참여 학생들의 특성은 아래 <표 2>에 제시되었다.

<표 2> 개별사례 참여 학생들의 특성

	믿음이	소망이	사랑이
연령 / 학년	11세 8개월 / 6학년	12세 4개월 / 6학년	12세 1개월 / 6학년
성별(가명)	남(믿음)	남(소망)	여(사랑)
장애유형	• 정신지체	• 정서 및 행동장애	• 정신지체
생육사 및 기타	• 특별한 병력이 없었음 • 전반적으로 발달이 느렸음 • 또래에 비해 작고 왜	• 특별한 병력이 없고 건강 체질임 • 4세 때 모는 가출 • 유치원부터 초등 4학년까지 직장에 나가는 고모가 돌봄	• 특별한 병력은 없음 • 또래에 비해 마르고 왜소함 • 성폭행 경험이 있음

<계속>

		믿음이	소망이	사랑이
생육사 및 기타		소함	• 현재 학생이 살림을 함 • 또래에 비해 큰 키이나 마른 편임	
가정환경 과 지원 사항		• 부, 모, 본인 • 부모 모두 장사를 하고 있음 • 부모가 상업에 종사하여 초기에는 조부모 밑에서 양육되었음 • 부와의 관계가 원만하지 않음	• 부와 살고 있음 • 부가 알코올중독의 증후를 보이며, 술이 없을 경우 학생에게 폭력을 가함. • 집안 형편은 생활 보호 대상자로 경제적으로 어려움	• 모, 동생 • 모의 경우 장사를 하고 있음. • 모와의 관계가 원만하지 않음
검 사	심리 검사	• KEDI - WISC 　언어성 지능: 67 　동작성 지능: 55 • 사회성숙도: 8세 3개월	• KEDI - WISC 　언어성 지능: 85 　동작성 지능: 99 • 사회성숙도: 13세 2개월	• KEDI - WISC 　언어성 지능: 65 　동작성 지능: 62 • 사회성숙도: 9세 5개월
	K - CBCL 검사	• 사회적 미성숙과 주의집중 문제에서 임상 범주에 있음	• 위축과 우울 / 불안, 공격성 영역이 임상 범주에 있음 • 특히 공격성의 수준이 높은 것으로 나타남	• 신체증상, 우울 / 불안, 비행, 공격성의 영역이 임상 범주에 있음 • 우울 / 불안 수준이 높은 것으로 나타남
행동 및 발달 특성	사회 · 정서적 특성	• 어린아이들과 놀기를 좋아하고 단순한 상호작용이 가능함 • 꽃 가꾸기 등의 활동을 좋아함 • 자발적인 대인관계를 형성하나 관계의 지속은 어려움 • 자기주장과 고집이 셈 • 타인의 반응에 크게 개의치 않음	• 의사결정력이 있음 • 타인과 관계 맺기를 거부하는 경향이 있음 • 칭찬이나 관심에 부정적으로 반응함 • 애들을 때리고 싶다는 정서적 반응을 보이며 타인의 물건이나 학교 기물을 부순 적이 있음 • 위축된 모습을 나타냄 (원적학급)	• 타인에게 베푸는 것을 좋아함 • 타인에 대해서 지속적으로 관계 맺기를 시도하나 대부분 적절하지 않은 방법으로 접근하여 실패함 • 특별한 이유 없이 실실 웃거나 집적거림 • 안절부절못하거나 기분의 변화가 심함

<계속>

		믿음이	소망이	사랑이
행동 및 발달특성	언어적 특성	• 간단한 문장으로 의사표현을 함. • 문장 구성력이 떨어져서 의미 전달이 명료하지 않음 • 미숙한 발음과 유아어를 사용함	• 의사표현과 대화가 가능함. • 논리적 의사표현이나 상대방의 말을 정확하게 이해하지 못함 • "죽을래, 맞을래" 등의 거친 언어를 사용함	• 간단한 문장으로 의사나 답을 표현함. • 상대방의 의사를 과장 왜곡해서 해석함 • "안해, 싫어, 집에 갈래, 나갈래" 등 부정적으로 표현함
	학업적 특성	• 활동적인 수업에 참여함 • 학습하는 것을 싫어하며 자주 "못해"란 단어를 사용함 • 주의집중 시간이 짧고 실증을 잘 냄	• 두 자리 수의 덧셈과 뺄셈이 가능함 • 읽기는 1학년 수준 • 철자에 대한 기본 인식이 부족 • 학업에 대한 관심이 없음	• 주고받거나 순서대로 돌아가면서 읽는 형태로 책 읽기를 좋아함 • 어려운 내용이 나오면 바로 포기하는 경향이 있음
	행동적 특성	• 지시 따르지 않기 • 옆 친구 방해하기 • 뛰어다니기 • 소음 내기 • 교실 이탈행동	• 지시 따르지 않기 • 옆 친구 방해하기 • 친구 몸 집적거리기 • 소음 내기 • 때리거나 욕하는 등 공격행동	• 지시 따르지 않기 • 수업 중 한 번씩 소리 지르기 • 옆 친구 방해하기 • 친구 몸 집적거리기기 • 교실 이탈행동

2. 장소와 실험 기간

1) 실험 장소

학교차원의 긍정적 행동지원은 학생들이 활동하는 하루 일과시간 동안 학교 전체에서 실시되었다. 개별 지원 학생들을 위한 개별적 중재는 학교 외에 여러 환경에서의 지원을 포함하였다. 믿음이의 경우는 방과 후 지역사회 공부방과 수영장에서 방과 후 구조화 지원이 포함되었다. 소망이의 경우는 학습 지원이 실시된 지역사회복지관 공부교실 그리고 현장학습과 관련된 장소에서, 사랑이의 경우는 보건소에서 상담지원을 하였다. 개별적 지원 참여 학생들의 삶의 질에 대한 면담 장소는 참여자와 사전 약속을 통해서 참여자가 동의하는 시간과 장소에서 실시하였다.

2) 실험 기간

참여 학교 선정을 위한 관찰은 2월에 실시되었으며 최종 학교 선정은 3월에 결정되었다. 실험 시기는 새 학년 배정이 끝나고 3월 중순 중으로 학교와 학급에 대한 적응을 마쳤다고 볼 수 있는 시기로 학교에서의 생활은 안정된 상태였다. 참여자 선정을 위한 관찰은 3월 4주 중에 후보 학생을 대상으로 2회씩 진행되었고 본 연구를 위한 실험은 4월부터 7월까지 실시하였다. 참여자 선정 후에 4월 1, 2주에 사전검사와 학교단위의 기능평가를 실시하였고 이와 동시에 교사교육이 실시되었다. 전체 학생에 대한 중재는 4월 3주차부터 실시되었으며 이 기간까지 개별 학생에 대한 기능평가와 중재 계획이 진행되었다. 4월 4주차부터 개별 학생에 대한 중재가 실시되었다. 1달 단위의 중재 기간 내 변화 측정은 4월 2주부터 7월 2주까지 실시되었고 7월 2주차에 사후검사가 진행되었다. 중재는 10주 동안 실시하였다. 사후검사는 중재가 끝난 공식적인 활동이 시작되는 1교시부터 오후 수업 종료 사이에 실시되었으며 종료시간은 요일에 따라서 달랐다. 행동변화에 대한 회기별 관찰시간은 매 회기 10분 단위로 진행되었고 학교차원의 기능평가와 개별 학생에 대한 기능평가는 때에 따라서 40분 단위 수업시간 동안에 교실 이외의 특별실, 특수학급, 운동장, 식당, 강당, 복도 등에서 관찰되었다. 교사교육은 4월 1, 2주에 학생들이 귀가한 후 6학년 교사 연구실에서 총 6회로 진행되었고 한 회기당 60분 단위로 진행되었다.

3. 실험 설계

본 연구는 학교차원의 긍정적 행동지원의 효과를 알아보기 위해서 전체 학생에 대해서는 1개월 단위 기술 분석과 사전 사후 검사 그리고 개별 학생에 대해서는 사례연구 설계가 적용되었다.

학교차원의 긍정적 행동지원이 전체 학생의 문제행동에 미치는 영향을 알아보기 위해서 본 연구에서는 학교 전체 학생의 문제행동을 1개월 단위로 측정하였다. 이 설계는 전체 학생에게 중재 전과 중재가 진행되는 동안 그리고 중재 종료 이후에 문제행동 기록도구로 한 달 단위 검사를 실시하여 변화의 추이를 알아보고자 하는 것이다.

학교차원의 긍정적 행동지원에 참여한 집단의 학교 분위기에 변화가 있는지를 알아보기 위하여 관리상 훈육지도 기록과 학교 분위기 질문지를 사용하였다. 관리상 훈육지도에 대해서는 전체 학생에게 중재 전과 중재가 진행되는 동안 그리고 중재 종료 이후에 관리상 훈육지도 기록을 1개월 단위로 실시하여 변화의 추이를 알아보고자 하였다. 학교 분위기는 사전·사후 집단 내 비교설계로 실시하였다. 이 설계는 실험집단에 사전검사를 실시한 후에 학교차원의 긍정적 행동지원을 실시하고 중재가 끝난 후에 동일한 검사도구로 다시 사후검사를 실시하여 집단 내 변화의 차이가 있는지 알아보기 위한 것이다.

본 연구는 개별 학생의 변화를 알아보기 위해 사례연구(Clarke et al., 2002; Kamps, et al., 2000; Kennedy et al., 2001; Turbull, et al.,

2002)를 실시하였다. 일반적으로 사례연구는 "하나의 프로그램, 기관, 사람, 과정 혹은 사회단위와 같이 한정된 현상에 대한 철저하고 총체적인 서술과 분석"이며 연역적이고 실험적이라기보다는, 과정과 이해와 해석에 초점을 둔다(Merriam, 1994). 본 연구에서는 학교차원의 긍정적 행동지원에 참여한 장애 학생의 문제행동과 관계하여 개인의 삶 가운데 일으키는 변화를 살펴보고자 하였다.

개별 학생의 변화를 살펴보기 위한 사례연구에서, 학교차원의 긍정적 행동지원에 참여한 장애 학생의 문제행동에 어떠한 변화가 있는지 알아보기 위하여 1개월 단위의 기술 분석을 실시하였다. 이는 중재 전과 중재 내 그리고 중재 후에 개인학생 문제행동 기록도구로 한 달 단위로 측정하는 것이다. 이와 같은 방법은 학생의 월별 변화의 추이를 살펴볼 수 있기에 유용하다.

학교차원의 긍정적 행동지원에 참여한 장애 학생의 삶의 질에 어떠한 변화가 나타나는가를 알아보기 위하여 장애 학생을 담당하고 있는 담임교사와 특수학급 교사 그리고 면담에 응한 부모에 대해서 중재 전과 중재 후에 면담을 실시하였다. 실험에 참가한 3명의 학생에 대해서 집단면담을 실시하였다. 각 학생의 지원활동에 참여한 사회적 지원망(믿음이: 방과 후 공부방 교사, 소망이: 학습 지원 자원봉사자, 사랑이: 정신과 의사)을 중심으로 중재 후 면접을 실시한 후에 각 학생에 대한 문서 분석과 관찰 자료와 면담 자료를 참고하여 중재 전과 중재 후의 삶의 질에 대한 변화를 알아보았다.

4. 독립변인

　본 연구에서 실시한 학교차원의 긍정적 행동지원은 이론적 배경에서 설명한 구성요소를 적용하였다. 또한 연구 참여 학교, 참여자(교사, 학생)의 특성에 맞추어 실시하였다. 긍정적 행동지원은 개인의 삶에서 중요한 교사에 의해서 이루어졌을 때 효과적(Carr et al., 1999)이라는 연구 결과를 토대로 본 연구에서는 실험에 참가하는 교사와 학교관계자를 대상으로 교사교육이 먼저 실시되고 학교차원의 기능평가가 동시에 실시되었고 이에 따라서 <표 3>과 같이 전체 학생을 대상으로 실시한 보편적인 지원이 실시되었다. 동시에 문제행동을 지닌 장애 학생 3명에 대해서 기능평가 후에 담임교사와 특수교사를 중심으로 계획된 개별적인 지원으로 이루어졌다.

<h3 align="center">〈표 3〉 학교차원의 긍정적인 행동지원</h3>

지원 형태	하위 단계		근거
보편적 차원의 지원(6학년 전체 학생을 대상으로 실시)	교사교육과 팀 미팅	교사교육	고동희, 이소현(2003) Wolfe & Hall(2003)
		협력팀 구성	Scott & Barrett(2004)
	기능평가 실시		McCurdy, Mannella, & Eldridge(2003)
	사전 행동 조사와 기대행동 정하기		Scott & Barrett(2004)
	학교환경과 교수구조 개선하기		Lewis et al.(2002) Netzel & Eber(2003) Luiselli et al.(2005)
	사전 교수활동	전체 기본 질서 집중 프로그램	Kern et al.(2001)
		집중구호 익히기	Netzei & Eber(2003)
	집단강화	자유시간 부여	김미선, 박지연(2005) Kartub et al.(2000)
		질서 우수반 표창	Metzler et al.(2001)
	질서 당번제 운영		Nelson, Martella, & Galand(1998)
	사회적 기술		O'Hearn & Margaret(2002) Stormont, Lewis, & Beckne(2005)
	교실행동 관리	토큰 경제	Nelson, Martella, & Galand(1998) Metzler et al(2001)
		자기 점검과 평가	Nelson, Martellan, & Marchand‒Martella(2002)
개별적 차원의 지원(심각한 문제행동을 지닌 장애 학생 3명에 대한 사례연구)	각 학생의 문제행동에 대한 기능평가	협력팀 구성	Hawken & Horner(2003)
		기능평가 실시	Turnbull et al(2002)
	긍정적인 행동 지원계획하기	예방, 새로운 기술 교수, 후속결과, 연계된 지원	Netzel & Eber(2003) Smith & Hefin(2001) Wwrren et al(2003)
	학생이 속한 학교에서의 삶의 질 증진을 위한 지원		Colvin & Fernadez(2000), Eber et al.(2002)
	팀의 의견 반응과 연구자 피드백 제공		Nersesian et al.(2000)
체제개선 (학교차원)	체계적인 시간 관리		Bambara et al.(2001)
	효과적인 의사소통		Nersesian et al.(2000)

 **5. 실험 절차**

실험은 사전검사, 협력팀 구성, 기능평가, 교사교육, 중재, 중재 내 월별 변화 측정, 사후검사로 진행되었다. 이 과정과 동시에 개별 학생의 문제행동에 대한 측정과 관계자 면담, 기능평가에 근거한 개별적 수준의 행동지원, 문제행동과 삶의 질에 대한 측정이 개별사례 연구로 이루어졌다. 본 연구의 전체적인 진행절차는 <그림 2>와 같이 이루어졌다.

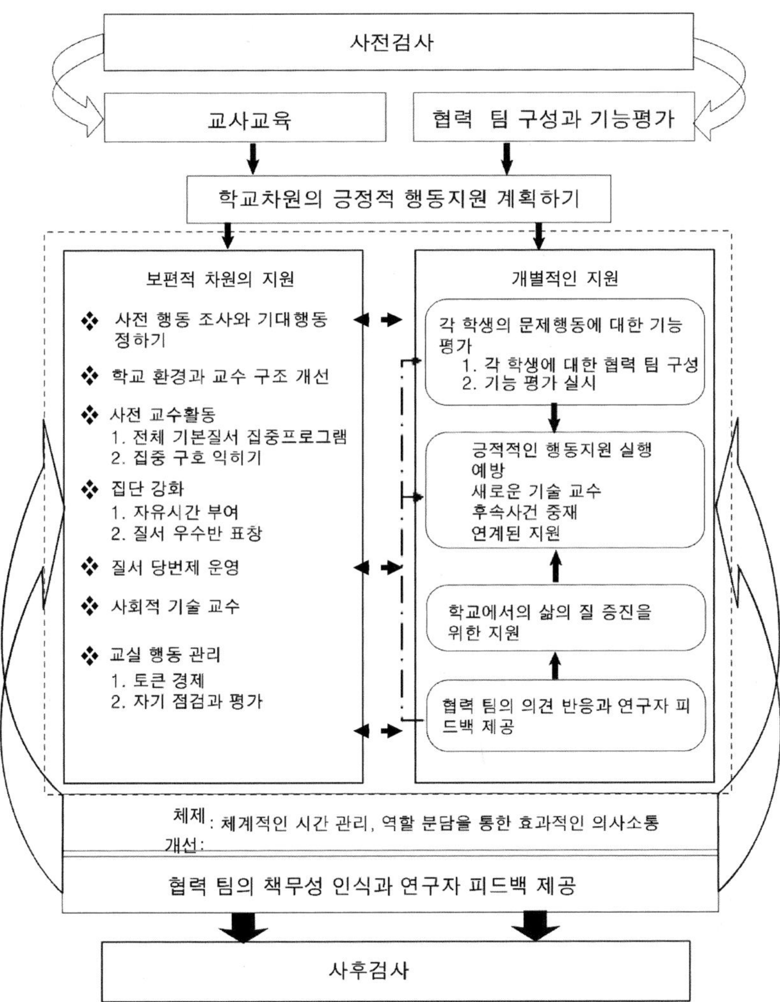

<그림 2> 학교차원의 긍정적 행동지원의 절차

1) 사전검사

전체 학생의 문제행동에 대한 측정, 학교 분위기에 대한 사전검사는 4월 1-2주에 실시되었고, 개별 학생의 문제행동에 대한 측정 및 면담은 4월 3주까지 실시되었다.

2) 학교차원의 긍정적 행동지원에 대한 교사교육

전체 학생에 대한 문제행동의 기능평가와 사전검사 그리고 개별 학생 기능평가와 사전검사 동안에 교사교육(고동희, 이소현, 2003; Bambara et al., 2001; Dunlap et al., 2000; Wolfe & Hall, 2003)을 실시하였다. 교사교육은 크게 두 부분으로 나누어서 실시하였다. 교사교육 자료는 연구자가 구성한 것으로 각 회기 마다 준비된 강의 자료와 활동지에 따라서 이루어졌다. 교사교육은 수업이 끝난 후에 교사 연구실에서 학교장 이하 연구 참여 교사들을 대상으로 실시하였으며 이후 총 7회에 걸쳐 실시되었다.

일정은 <표 4>에 정리된 각 회기의 주제와 내용을 중심으로 진행되었다. 1회기의 교육은 긍정적 행동지원을 이해하고 적용할 수 있도록 행동수정과의 차이점에 초점을 두었다. 그 이유는 연구 개요에 대한 설명 후 대부분의 교사 반응이 그와 같은 방법은 이미 학교 내에서 실시되고 있는 것으로 인식하고 있어서 새로운 변화를 만들어내는 것에 대해서 부정적인 견해를 나타냈기 때문이다. 2회기는 기능평가 양식에 따라서 학교가 지니고 있는 문제를 기록하고 분석해 보는 실습활동을 하여 구체적인 실행으로 이어질 수 있도록 하였다. 3-4회기부터는 학교차원 긍정적 행동지원의 요소를 중심으로 학교환경 전체의 변화를 위한 교사의 실천적 자세와 동기 강화를 위하여 실시하였다. 중재 적용 부분에 있어서는 대체행동 교수와 일반적 기술교수 가운데 본 연구에서 주요 기술로 사용된 사회적 기술교수 부분을 강화하여 실시하였다. 특별히 7회기에는 6회기까지 참여한 학교장 외 담임교사들을 중심으로 학급운영 전반과 연구 진행 시 의사결정 과정에 대해서 논의하였다. 특히 교실환경 점검, 교사의 학급운영 기술 확인, 칭찬과 견책에 대한 토론과 논의의 과정을 포함하는 교사교육을 실시하였다.

<표 4> 교사교육과정 내용과 일정

회기	주제	교육내용
1	긍정적 행동지원으로서의 가치전환	• 연구개요 설명 • 중재에 대한 총체적인 비전과 목표 제시(긍정적 행동지원에 대한 기본원리와 가정)
	긍정적 행동지원의 팀 조직과 협력	• 담임교사, 교과교사, 특수교사, 학교관계자, 연구자를 포함하는 행동지원팀과 각 구성원의 역할
2	기능평가	• A. 정보 수집하기 • B. 가설 세우기 • C. 개별화되고, 총체적인 행동지원계획을 고안하기

<계속>

회기	주제	교육내용
3-4	중재적용	• A. 환경 조절하기: 　배경사건과 선행사건 조절하기 • B. 대체 기술과 일반적 능력 교수하기: 　사회적 기술(Begun, 1996) 　사회적 상호작용 기술교수의 실제 　자기관리 기술의 실제 • C. 후속사건 중재하기 • D. 삶의 양식 변화를 촉진하기
5	평가	• 긍정적 행동지원의 성과를 모니터하고 평가하기
6	전이하기	• 삶의 질을 향상시키기 위한 차원으로의 전이하기: 학교(3수준의 긍정적 행동지원)(Sugai et al., 2000), 가정, 지역사회
7	심화단계	• 학급운영: 교실 운영, 교육과정 수정 • 회의 운영에 대한 연구와 논의

3) 팀 구성 및 미팅

학교차원의 긍정적 행동지원을 위해서 연구자와 학교장, 교감, 담임교사, 특수교사로 구성된 긍정적 행동지원팀을 구성하였다. 특수교사는 본 연구에서 연구자의 감독을 받거나 특별히 의도된 중재를 하지 않으나 담임교사를 간접적으로 지원하도록 하였다. 이를 위해서 기존에는 매주 금요일 오후에 교과담임 회의에 참여하던 것을 학년별 담임회의에 참여하기로 하였다. 이로써 특수교사는 6학년 교사들을 간접적으로 지원할 수 있도록 하였고, 필요하다면 학생을 지원하기 위한 다양한 형태의 모임에서 중재자로서 적극적인 협력을 가능하게 하여 지원팀의 효율성을 높이고자 노력하였다.

지원자로서의 연구자는 연구 개시 1달간은 주 1-2회 일반교사와 특수교사를 각각 만나서 진행사항과 협의사항을 확인하고 전달하는 역할을 하였다. 연구기간동안 6학년 각 반의 담임교사와 주 2회 모임을 가져 담임교사가 학교차원의 긍정적 행동지원을 하는 데 있어서 수반되는 사항을 지원하였다. 월 1회 진행된 연구자가 포함된 전형적인 팀 회의를 통하여 제반 사항을 논의하였다. 학교 전체에 대한 지원이 필요한 경우 학교장과 교감이 배석하여 토론하는 과정이 연구기간동안 2회 있었다.

팀 운영을 통해서 연구자는 담임교사들이 효과적인 의사통로를 지니고 지속적이고 일관되게 학년과 학급운영을 할 수 있도록 도왔다. 지원 팀원 모두가 6학년 교사들의 중재가 적절하게 이루어지도록 최대한 지원하였다.

4) 기능평가

(1) 전체 학생

학교단위의 기능평가는 4월 1-2주차에 실시되었다. 학교에서 발생하는 문제행동의 본질과 범위를 결정하기 위한 자료 수집(Freeman, Smith, & Tieghi-Benet, 2003; Turnbull et al., 2002)이 학교 전체 환경에 대해서 실시되었다.

자료 수집은 첫째, 학교장과의 개별 면접을 비롯하여 교사에 대한 면담과 학생 대상 면담이었다. 둘째, 문제행동의 범위를 결정하기 위해서 학생들이 생활하고 있는 모든 학교환경에 걸쳐 직접관찰을 통해서 이루어졌다. 셋째, 학교에서의 교무실(교감, 교무부장교사, 생활부장교사) 훈육지도와 부모상담, 정학, 전학, 퇴학 등 훈육지도에 대한 자료 기록과 문제행동 지도에 사용하는 다른 형태의 결과에 대한 자료 검토를 하였다. 학교 전체의 문제행동과 관계된 지도의 수준과 학교차원의 긍정적 행동지원 실시 후 진보를 검토하는 평가 자료로 활용하기 위함이었다. 수집된 자료들에 근거하여 행동지원팀에서는 문제행동과 연관된 선행사건 요인들과 기술 결함들에 대한 가설을 개발하였다.

학교장과의 면접은 4월 1일 방과 후에 교장실에서 40분간 1회 실시되었다. 주된 내용은 문제행동과 관계하여 전반적인 학교의 특징, 학교에서 나타나는 문제행동의 유형, 학생과 교사들의 일반적인 특성, 학교장의 학교운영에 대한 사항이었다. 교사들과의 면담은 4월 2일 방과 후에 학교장이 배석한 가운데 학교에서 일어나는 문제행동의 전반적인 사항이 언급되었다. 면담이 시작된 30분 후에 학교장을 제외하고 문제행동과 관계된 학교의 총체적인 사안들이 교사들의 면담을 통해서 논의되었다. 학생행동에 대한 자료 수집은 4월 4일부터 9일까지 6학년 전체를 대상으로 보고자 방법과 연구자 관찰로 실시되었다. 연구자 관찰은 학교구조 관찰과 문제행동 관찰로 나누었다. 학교구조의 관찰은 문제행동과 관계되는 학교환경을 살피기 위한 것이었다. 학교장의 안내를 받아서 4월 1일, 2일 총 2회 학교 전체의 각 건물과 특별실을 순회하였다. 문제행동의 유형관찰은 4월 4일부터 9일까지 교실과 복도를 중심으로 6개 학급을 40분 단위로 2회씩 관찰을 하였다.

문제행동과 관계하여 전년도에 수집된 훈육지도 자료를 살펴보면, 교무실 훈육지도는 매일 2회 이상 발생한 것으로 나타났다. 지도받은 학생은 하루 평균 10명이었다. 지도 내용은 교감 등 지도교사의 훈육 후에 반성문 쓰기, 교무실 청소나 화장실 청소, 운동장에서 토끼뜀을 실시하였으나 교무실 지도에 있어서 일관적인 프로그램은 진행되지 않은 것으로 나타났다. 부적절한 학교생활 태도나 문제행동은 전화, 알림장, 쪽지 등을 통하여 가정에 전달되었다. 직접면담을 통한 부모상담은 학급당 월 3-5건이 발생하였다. 상담 내용은 부적절한 수업 태도와 행동, 교사 지시 무시하기, 도벽, 학생 간의 싸움, 급우나 교사에 대한 심한 집적거림, 교사에게 반항하거나 위협하는 행동, 학교 유리창이나 교실 사물함이나 기자재 등 기물을 파손한 사례였다. 징벌 기록은 정학 1건, 전학 1건, 자퇴나 퇴학은 없었다.

전체 학생의 문제행동 발생에 대한 기능평가의 결과는 <표 5>와 같다.

〈표 5〉 전체 학생의 문제행동 발생에 대한 기능평가

문제 행동	문제행동 무발생과 관계되는 요소	문제행동 발생과 관계되는 요소	문제행동의 기능과 행동지원팀에서 합의된 가설
시간	- 교사가 감독 하는 시간	- 월요일 조회 시간 - 매일 1, 2교시 - 학업 교과 시간 - 교사 부재 시간	- 학생들이 적절한 행동과 문제행동을 명확 히 구분하지 못할 때 문제행동이 나 타나는 것으로 보인다. - 기대행동 제시가 없을 때 문제행동이 발 생하는 것으로 보인다. - 비일관적인 강화체제로 문제행동이 지속 되는 것으로 보인다. - 수업시간에 교사의 감독이 없을 때 문제 행동이 나타난다. - 이동시간에 교사의 감독이 없을 때 문제 행동이 나타난다. - 수업이 끝나는 종이 울릴 때 학생들의 소란스러운 행동이 일제히 나타난다. - 단순한 조별학습을 실시할 때 문제행동을 보인다. - 견책이 필요한 상황에 대한 적절한 설명 없이 벌(무릎 꿇고 앉아서 손들고 있기, 꿀밤 때리기 등)이나 협박(부모에게 연락 한다), 혹은 거부(우리 반이 싫다, 너희들 은 쓸데없는 것에 참견하지 말라고 했지 등) 등을 제공할 때 문제행동이 지속되는 것으로 보인다.
상황	- 교사가 함께 학생들과 이 동할 때 - 교사가 쉬는 시간에 교실 에 있을 때 - 교사가 학생 들에게 미리 할 일을 알 려주고 그에 따른 결과를 제시했을 때	- 그룹 형태의 배치 - 교사의 일방 적이고 억압 적인 태도 - 계속되는 과 제 부여나 잦 은 지시 - 수업 시종을 알리는 종이 울릴 때 - 교사가 다른 일을 하고 있 을 때	
교사 반응	담임교사, 교과교사: 무관심 비일관적 칭찬 의미 없는 언급	담임교사, 교과교사: 무관심 언어적 제지 신체적 제지	
효과 있던 전략	담임교사: 토큰 강화, 행동계약, 집단상담 교과교사: 행동계약 학생들: 자기 교수, 자기 점검		

(2) 개별 학생

효과적인 중재방법을 계획하기 위하여 연구자와 개별사례 학생의 담임교사, 특수교사로 구성된 행동지원 협력팀을 구성하였다. 팀은 학생의 행동에 영향을 주는 환경과 학생에 대한 이해를 위하여 기록의 재검토, 면담·질문지 방법과 직접관찰, 분석기록의 방법(Janny & Snell, 2000; Nelson, Roberts & Smith, 1998; Turnbull et al., 2002)으로 학생들의 문제행동에 대한 기능평가를 실시하였다. 개별 학생을 위한 기능평가의 실시는 4월 2-3주에서 참여 학생별로 실시하였다.

학생들의 기존 자료를 활용하여 일반적인 정보를 수집하였고 학생의 상황에 따라서 다양한 양식의 면담도구와 보고자 양식들을 사용하였다. 면담에서는 학생, 급우들과 부모 그리고 교사 등을 통해서 긍정적인 환경, 학생과 교사 간 상호작용 양식, 사회적 지원망 등을 통해서 문제행동의 배경이 될 만한 요인을 찾고 삶의 질(Keith & Schalock, 1995; Smith-Bird & Turnbull, 2005)에 대한 정보를 수집하였다. 관찰을 통해서 문제행동과 특성을 파악하였다. 문제행동은 ABC 분석(Snell & Gast, 1981; Wolery, Ault, & Doyle, 1992)을 사용하였고 학생의 특성 파악을 위해서 학습 스타일, 선호도 등을 사용하였다. 기능평가를 위한 각종 양식은 먼저 그 내용의 타당성에 대하여 회의를 통해서 팀원이 이해하고 정확히 수용한 것으로 사용하였다. 이는 참여 학생의 문제행동의 기능을 보다 명확히 하기 위해서였다.

가. 기록의 재검토

기록의 재검토 방법은 학교생활을 시작하면서 현재까지의 관련 기록들의 검토이다. 즉, 특수학급에서의 진단평가 기록, IEP기록, 일반학급의 학기 초 상담 기록, 특수학급과 일반학급에서의 학습결과물을 통한 점검이었다. 학생의 학습 특성을 알아낼 수 있었고 문제행동을 중심으로 한 다양한 상황의 정보를 얻게 하였다.

기록의 재검토에서는 참여 학생들의 문제행동과 관련된 배경이 주양육자와 밀접하게 관계되어 작용하며 믿음이의 경우는 회피, 소망이의 경우는 요구, 사랑이의 경우는 관심과 관련하여 문제행동을 일으키는 것으로 가정하였다.

나. 면 담

기능평가를 위하여 담임교사, 특수교사, 면담에 응한 부모, 보건교사를 비롯한 학생의 지원망, 면담이 가능한 학생 본인 등이 면담과 자기보고 기록지를 작성하였다. 면담과 보고자 기록은 4월 2-3주차에 실시하였다. 믿음이에 대한 면담 참여자는 담임교사와 학생, 특수교사, 소망이는 담임교사와 학생, 특수교사, 사랑이는 담임교사, 특수교사, 학생, 보건교사였다.

학생들과 관계하여 개별면담과 집단면담을 실시하였다. 학생들의 집단면담은 4월 9일 일과시간에 40분간 실시하였다. 학교생활에 대한 학생들의 느낌이나 의견을 자유롭게 이야기하였다. 관계자들과의 개별면담은 4월 3주차 방과 후에 평균 40분 정도 개별적으로 실시되었다. 면접 실시 장소는 담임교사와 특수교사, 그리고 보건교사의 경우는 해당 교사의 교실(일반학급, 특수학급, 보건실)에서 실시하였고 부모나 학생의 지원자는 특수학급에서 실시하는 것을 원칙으로 하였다. 면담에 응한 믿음이의 어머니의 경우는 교사들이 없는 곳에서 편안하게 이야기하고 싶다는 의사를 표명해서 방과 후에 교직원 식당에서 실시하였다.

다. 관 찰

학교 일과 중 문제행동의 발생·비발생의 관계를 알아보기 위해서 일과 내 직접 관찰하였다. 문제행동을 구체적으로 알기 위해서 교실과 이동시간 내 관찰을 실시하였으며 목표행동과 선행사건 및 후속결과와의 관계를 파악하기 위해서 ABC 분석을 사용하였다. 기능평가를 위한 관찰은 4월 11일부터 1주일간 참여 학생이 속해 있는 반별로 수업 시작부터 종료까지 계속해서 모든 시간 과정을 관찰하였다. 특히 국어, 수학, 과학, 전이시간, 사회, 미술, 체육시간을 중심으로 관찰되었다. 보고자 보고를 통해서 문제행동이 많이 일어난다는 시간(국어, 수학, 과학, 전이시간)과 문제행동이 덜 일어난다는 시간(사회, 미술, 체육)을 함께 보기 위해서였다.

라. 기능분석

면담, 관찰, 다른 정보를 사용하여 긍정적 행동지원팀은 기능평가 요약을 하였다. 개별사례 학생들의 문제행동에 대한 총체적인 점검은 4월 3주차에 실시하였다(<부록 Ⅰ>참고). 그 결과 팀은 <표 6>, <표 7>, <표 8>과 같이 문제행동의 발생·무발생과 그에 대한 기능을 파악하였다. 관찰을 통해서 참여 학생들이 보이는 문제행동은 주로 수업시간 내 집단활동시간과 교사의 감독이 없고 학생들이 도움 없이 각자 특별실로 이동하는 시간에 일어나는 것임을 확인할 수 있었다. 참여 학생들이 지니는 다양한 문제행동 가운데 중재를 위한 우선순위는 전체 학생의 문제행동과 같은 맥락에서 정의하였다. 6학년인 참여 학생들이 수년에 걸친 통합학급에서의 경험으로 이미 많은 소외를 겪고 있었으며 학급에서 어울리지 못하고 낙인을 부여받은 것으로 나타났다. 만약 이러한 문제들이 전체 학생들과 함께 자연스럽게 개선된다면 개별사례 학생들의 통합학급 참여에 질적인 변화를 가져올 수 있을 것이라는 데 기인하였다.

관찰에 있어서 개별사례 학생들의 문제행동은 ABC 분석을 실시하는 작업으로 이루어졌다. 믿음이의 경우 추정되는 문제행동의 기능에 따라서 ABC 분석 카드를 모으는 작업을 실행하였다. 끝까지 마치는 데 오래 걸리는 활동을 할 때와 선택의 여지가 없는 교과 수업시간에 어린아이와 같은 행동에 대해서 부정적인 피드백이 이어질 때에 회피 기능의 문제행동이 일어나고 있음을 알 수 있었다. 즉 믿음이의 문제행동은 면담과 관찰 결과 어려운 과제나 자신이 참여하기 싫은 수업활동으로부터 회피에 의해서 유지될 수 있다고 합의하였다.

<h3 align="center">〈표 6〉 믿음이의 문제행동과 기능</h3>

문제행동의 특징과 중재를 위한 우선순위	
수업시간의 문제행동: 지시 따르지 않기, 옆 친구 방해하기, 소음 내기 이동시간의 문제행동: 뛰어다니기, 소리 지르기, 침구 몸 집적거리기 기타 문제행동: 교실 이탈 행동, 거친 언어 사용, 주의산만	
문제행동 무발생	문제행동 발생
• 노래를 부를 때 • 율동이 포함될 때 • 컴퓨터 게임을 할 때 • 화분에 물을 줄 때 • 조용한 공간에 있을 때 • 교사의 직접적인 도움이 있을 때 • 교사의 심부름을 하게 될 때 • 급우를 돕는 역할을 맡거나 자기보다 작은 아이를 도와주어야 할 때 • 선호하는 과제가 짧게 제시될 때 • 과제의 시작과 끝이 분명할 때	• 학업교과시간, 이동시간 • 특수학급시간, 1교시에 • 과다한 요구가 있을 때 • 제공된 과제가 적당하지 않거나, 자신이 생각하기에 어려워 보일 때 • 자신의 요구가 관철되지 않을 때 • 과제가 부여되고 시간의 제한이 있을 때 • 전체 수업이 진행되면서 그룹이 함께 움직일 때 • 부적절한 행동에 이어서 과제 회피가 일어날 때 • 자신의 어린아이 같은 행동을 다른 급우들이 흉내내거나 놀릴 때
문제행동의 기능	• 적절한 과제가 주어지지 않거나 과제 해결 시간이 제한될 때 이에 대한 회피로 문제행동을 하는 것으로 보인다. • 부적절한 행동에 이어서 과제 회피가 주어질 때 문제행동이 일어나는 것으로 보인다. • 과제의 난이도가 높거나 학생에게 재미가 없을 경우 문제행동을 하는 것으로 보인다.
중심 가설	• 담임교사와 비효율적인 상호작용 상황보다 혼자 상황에서 문제행동이 덜 발생할 것이다. • 담임교사로부터 관심을 받고 효율적인 상호작용이 발생하는 과정에서 문제행동이 덜 발생할 것이다.

소망이의 경우는 담임교사와 특수교사 그리고 학생의 의견을 반영하여 1차적으로 읽기와 쓰기에 대한 개별적인 학습 지원의 필요가 대두되었다. 이는 추후 행동지원계획에 반영하였다.

소망이의 문제행동에 대한 기능은 학습된 무기력, 적절한 과제의 요구, 정서적 안녕에 대한 관심 등 합의된 의견에 도달하기 어려웠다. 팀은 소망이의 문제행동의 기능이 관심인지 요구인지를 파악하기 위한 기능분석을 실시하였다. 먼저, 소망이가 교사의 관심을 얻기 위해서 과제수행 시간 동안 문제행동을 보이는 것이라는 가정 아래 교사가 2개의 다른 조건하(수업 중 소음 내기 행동: 학생이 소리 내어 말을 할 때 교사가 관심을 주는 조건과 주지 않는 조건)에서 소망이에게 동일한 과제를 제공하였다. 교사의 관심이 소음 내기 행동과 관계가 있는가에 대해서 관찰한 결과 소망이는 교사가 문제행동을 할 때마다 관심을 주거나 수행을 할 때 관심을 주거나 간에 소음을 내는 행동을 하였다.

소망이의 문제행동의 기능은 관심이 아닌 것으로 나타나 요구인지를 알아보기 위한 방식이 설계되었다. 쓰기 학습과제를 제시하고 소망이가 교사의 지시를 무시하거나 잘못 수행하면 부정적인 피드백을 제시하였다. 이때 혼잣말을 하면서 과제를 하지 않았고 교사는 학생 근처에서 자리를 떠서 더 이상 소망이에게 과제완성에 대한 압박을 하지 않았다. 같은 상황에서 실수를 하면 교사는 보조를 제시하였다. 소망이는 교사의 지시를 따라서 수행했다. 수업 중 교실에서 보이던 문제행동이 나타나지 않았으며 도움을 받아서 과제를 완수하였다. 소망이가 혼잣말을 하거나 과제를 하지 않을 때 과제를 바꾸어 주거나 직접적인 도움을 주는 것에 따라서 문제행동은 영향을 받았다. 즉 과제를 바꾸어 주거나 교사가 지문을 읽어 주거나 문제의 흐름도를 제시해 줄 때 문제행동의 빈도가 줄었다. 또한 이동 시의 문제행동은 교사가 원칙에 대한 지시를 정확히 줄 때와 아무 지시 없이 이동할 때 문제행동의 빈도가 다르게 나타났다. 아무 지시 없이 이동할 경우 소망이의 문제행동은 빈번하게 일어났으며 구체적인 지시를 주었을 때는 문제행동이 덜 빈번하였다. 소망이의 문제행동의 기능은 요구로 분석되었다.

〈표 7〉 소망이의 문제행동과 기능

문제행동의 특징과 중재를 위한 우선순위
수업시간의 문제행동: 지시 따르지 않기, 소음 내기, 옆 친구 방해하기 이동시간의 문제행동: 걷기 이외의 행동, 소리 지르기, 손/발로 다른 학생 치기 기타 문제행동: 때리거나 욕하는 등의 공격행동, 교사에게 반항적이며 부적절한 언어 표현하기

문제행동 무발생	문제행동 발생
• 종이 접기를 할 때 • 컴퓨터 게임을 할 때 • 교사의 직접적인 도움이 있을 때 • 도움을 받을 급우나 교사가 있을 때 • 간단한 수식문제가 제공될 때 • 조작하는 과제가 주어질 때 • 악기나 가위 풀, 색연필, 물감, 종이 등 자료나 도구가 있을 때 • 교사나 급우들의 관심이나 요구가 없을 때	• 쓰기나 읽기과제가 부여될 때나 지식적 수업에서 수행하지 못할 때 • 문장제 수학문제가 제공될 때 • 지문이 있는 학습지가 주어질 때 • 제공된 과제가 본인에게 의미를 제공하지 못하거나 동기를 부여하지 못할 때 • 월요일이나 공휴일 다음 날, 현장학습이나 학교행사 날에 • 자신의 옷차림이나 행동에 대해서 교사나 급우가 관심을 가질 때 • 교사가 가까이 가서 칭찬을 하거나 신체적인 강화를 주었을 때 • "바보", "애자", "엄마 없는 집" 등 자신과 관계되는 부정적인 소리를 들었을 때

문제행동의 기능	• 쓰기나 읽기과제 혹은 문장제 수학문제가 주어질 때 새로운 요구를 위해서 문제행동을 보인다. • 자신의 옷차림이나 행동에 교사나 급우가 관심을 보일 때 문제행동을 보인다. • 적절한 지시나 도움이 없을 때 문제행동을 보인다.
중심 가설	• 담임교사와의 비효율적인 상황보다 또래나 보조적인 지원이 있는 상황에서 문제행동이 덜 발생할 것이다. • 과제 요구에 대한 문제행동은 수정된 과제나 선호 상황에서는 덜 발생할 것이다.
가설 검증	관심조건: 관심과 무관계 요구조건: 더 어렵거나 비선호적일 때 적절하거나 수정된 과제에 대한 요구의 수단으로 문제행동을 사용

사랑이에 대해서는 성인이나 급우에 대한 관심의 기능을 위해서 문제행동이 유지된다는 의견 일치를 보였다. 특히 학생이 경험한 성폭행에 적절한 도움을 받지 못해서 어머니와 교사와의 관계에서도 문제를 보이고 친구들을 화장실로 데리고 가는 등의 외상 후 스트레스 징후를 보이는 것이 아닌가에 대한 의견이 대두되어 정신과 전문의의 지원을 고려하게 되었다.

〈표 8〉 사랑이의 문제행동과 기능

문제행동의 특징과 중재를 위한 우선순위	
• 수업시간에 문제행동: 지시 따르지 않기, 수업 중 한 번씩 소리 지르기, 옆 친구 방해하기 • 이동시간에 문제행동: 뛰어다니기, 이동에 방해가 될 정도로 울거나 웃기 • 기타 문제행동: 교실 이탈 행동, 맥락과 무관한 실실 웃기, 부정적인 의사표현	
문제행동 무발생	**문제행동 발생**
• 인형놀이나 작은 물건이 주어졌을 때 • 노래를 부르거나 춤을 출 때 • 색칠을 하거나 단순히 보고 쓸 때 • 교사와 개인적인 공간에서 수업에 도움을 받거나 일상적인 이야기를 나눌 때 • 친한 친구와 주고받는 방법으로 책을 읽을 때 • 자신의 옷차림이나 외모, 행동에 대해서 긍정적인 관심을 받을 때	• 부적절한 행동에 뒤이어 관심을 얻을 때 • 소그룹 활동을 할 때, 간식시간에 • 규칙이 있는 게임이나 놀이를 할 때 자신의 행동을 따라하거나 놀리는 친구가 있을 때 • 자신의 말을 잘 들어주지 않는 친구가 옆에 자리를 잡을 때 • 가족에 관한 이야기가 나왔을 때 • 자신의 대답이나 행동 혹은 옷차림이나 외모에 대해서 부정적인 반응을 보이거나 자신의 의도와 다른 반응을 보일 때 • 담임교사가 보일 때 • 학생이 기대하는 반응을 담임교사가 보이지 않을 때 • 꽤 시끄러워지는 교실, 복도, 또는 다른 환경에 있었을 때

〈계속〉

문제행동의 특징과 중재를 위한 우선순위	
문제행동의 기능	• 부절절한 행동에 이어 관심을 얻었을 때 문제행동을 보인다. • 자신의 말을 잘 들어주지 않는 친구가 옆에 앉거나 함께 이동할 때 문제행동을 보인다. • 자신의 대답이나 행동 혹은 옷차림이나 외모에 대해서 부정적인 반응을 보이거나 자신의 의도와는 다른 반응을 보일 때 문제행동을 한다. • 담임교사나 성인이 보이거나 기대되는 반응을 하지 않을 때 문제행동을 한다.
중심 가설	• 관심을 끌기 위한 문제행동은 담임교사와 효율적인 상호작용 상황에서 덜 발생할 것이다. • 관심을 끌기 위한 문제행동은 또래 친구들과 효율적인 상호작용 상황에서 덜 발생할 것이다.

5) 학교차원의 긍정적 행동지원 적용

(1) 보편적 차원의 지원절차

가. 사전행동 조사와 기대행동 정하기

기대행동을 확정하기 위하여 사전행동 조사(Scott & Barrett, 2004)가 이루어졌다. 연구에 참여한 교사들과 연구자가 학교에서 일어나고 있는 문제행동을 나열한 후에 그 중요도 서열에 따라 수업시간 내 교실과 이동시간에 복도에서 반드시 지켜야하는 규칙과 이에 위배되는 행동들을 선정하였다.

연구 참여 학교의 경우, 학교 구성원들이 동의한 학교 원칙인 "**초등학교주인다움"이라는 구호를 정하고 교실에서 수업시간에 지켜야 할 규칙과 복도에서 이동시간에 지켜야 할 규칙을 만들었다. 기대행동은 <표 9>와 같다. 학생들은 학교의 일반적인 기대행동에 대해서 정확히 이해하고 학교 전체에서 기대되는 일반적인 행동과 교실, 복도에서 정해진 행동규약을 교수받았다. 실천했을 때는 칭찬을 받고 규칙 위반을 했을 때는 재지도(Jones, Dohrn, & Dunn, 2004)를 받았다. 칭찬은 재지도에 대비하여 4:1(박지연, 2003; 신현기, 2004)이 되도록 하였다. 기대행동에 대한 중재는 지속적으로 교실, 복도에서 교사와 학교장과 교감 그리고 규칙당번에 의해서 실시되었다.

<표 9> 전체 학생에게 기대되는 행동

학교 구성원 전체에게 기대되는 행동과 정의 (학교규율)		**초등 주인답자! • 우리 자신을 존중하자 • 안전을 지키자 • 다른 사람을 존중하자
상황	세부 행동규약	학교규율과의 관계성
수업시간: 교실	1. 자신의 입을 단속하자 2. 교사의 지시를 따르자 3. 학급비품이나 자신의 물건을 사용 후 정리하자 4. 정중한 단어를 사용하자 5. 주어진 일에 최선을 다하자	1. : 우리 자신을 존중하자 2, 4. : 다른 사람을 존중하자 3, 5. : 안전을 지키자
이동시간	1. 걷자: 달리거나 뛰거나 미끄러지는 것이 아님 2. 통행방향을 준수하자: 좌측통행 3. 적당한 톤으로 이야기하자 4. 자신의 몸을 간수하자: 손으로 타인을 치지 않고, 발로 물건이나 급우를 차지 않는다. 물리적인 공간을 확보하자 5. 통로를 깨끗하게 하자	1. : 우리 자신을 존중하자 2, 4, 5. : 안전을 지키자 3. : 다른 사람을 존중하자

나. 학교환경과 교수구조 개선

관찰과 면담을 통한 기능평가 결과 다양한 선행사건의 중재의 필요가 대두되었다. 학교환경과 교수구조의 총체적인 개선은 4월 3-4주에 학교 전체를 대상으로 완료된 후에 중재 기간 동안 지속적으로 점검되었다.

수업시간과 쉬는 시간의 연계 운영과 수업시작종과 마침종소리를 바람직한 행동의 발생 신호로 개선하였다. 타이머 음이었던 기존의 시작종과 마침종소리를 멜로디가 있는 조용한 것으로 바꾸었다.

기대행동에 대한 인지도를 높이기 위한 방안으로 학교 중앙 건물 외벽에 "기본이 바로 된 어린이" 간판을 장착하였다. 각 학급에서는 A4 크기로 제작된 "기본이 바로 된 **초등다운 어린이-실내에서 조용히 하기, 줄 서서 차례 지키기-"표어를 교실 뒤쪽 출입문 중앙에 부착하였다. 복도에는 통행 표지를 부착하였다. 학교건물 1층 현관에서 4층에 이르는 계단에는 각 계단참을 기준으로 발바닥 모양의 접착시트를 붙여 걷기와 좌측통행을 할 수 있도록 유도하였다. 계단 벽면에 계단참을 기준으로 하여 아크릴판으로 제작된 표어를 한 벽면에 2개씩 붙였다. 각각의 표어에는 "왼쪽으로 사뿐사뿐" "목소리는 소곤소곤"이라는 학교의 대표적인 기대행동이 제시되었다.

복도의 경우는 교실 출입문 앞뒤에 출입문과 직각으로 작은 사물함을 두어서 각 학급으로 연결된 복도를 구획 지었다. 이는 복도에서의 학생들의 소란스러움과 무질서를 예방하기 위한 전략으로 사용되었다.

학교환경 개선에 이어서 교수구조와 학교체제에 대한 점검을 실시하였다. 협동학습의 형태를 도입하여 6인 1모둠의 배치를 4인 1조로 하여 8-9개의 모둠체제로 바꾸었다. 교실 전체에 흩어져 있던 모둠의 형태를 정리하고, 교실 앞, 중앙, 뒤의 세 부분의 구획으로 공간을 넓혔다. 교실 전면에 배치되어 학생들의 시선을 방해하던 탁자들과 교사들의 물건을 한쪽으로 집중 배치하였다.

학생들에게 적용된 "**초등학교 주인으로서의 학생다움"의 구호처럼 교사들은 "**초등학교 주인으로서의 교사다움" 운동을 실시하였다. 주된 내용은 교사가 모든 학교활동 시 학생과 같은 공간과 시간 내에서 함께 움직이는 것이다. 그 이유는 학교 전체 학생의 문제행동에 대한 기능평가 결과 문제행동을 일으키는 상당수의 요인이 교사의 수업관리 태도와 교실 운영과 밀접하다는 것으로 교사 협의회에서 논의되었기 때문이다.

다. 사전 교수활동

(가) 기본 질서 집중 프로그램 실시

학생들에게 학교규칙과 기대행동에 대한 이해를 확실히 하게 하기 위하여 중재 시작 1주일 내에 연구자가 실시하였다. 참여 학급의 재량시간을 통해 <표 9>의 실천과제를 기초로 하였다. 각 학급 학생들에게 향후 실시될 학교차원의 긍정적 행동지원에 대한 안내를 하였다. 담임교사는 선정된 학교 실천 과제에 대한 집중 교육을 하였다. 교실과 특별실로 이동할 때 이용하는 건물 중앙복도에서 1일 1회 이상 실시하는 것을 원칙으로 하였고 교실수업 도입 시와 이동 시 최대한 반복하였다. 정해진 기대행동은 안내문으로 인쇄되어서 학생들에게 배부되었고 필요시 점검되었다. 또한 각 학급별로 행동규약 실천 포스터 그리기 시간을 갖고 이를 각 학급의 복도 벽면 중앙에 부착하였다. 각 반에서 선정된 우수 포스터 6점은 액자로 만들어서 복도와 계단에 중재 기간 동안 전시하였다.

(나) 집중구호 익히기

현장학습이나, 운동장 수업, 식당에서의 원활한 급식과 배식활동 등 학교 학생활동과 각 학급의 교수활동 진행 시 학생들이 효율적으로 교사에게 집중하기 위하여 중재 개시 1주일 동안 매일 아침 3회의 연습을 실시하였다. 연습내용은 "**초등학교"라고 교사가 말하면 학생들이 "6학년"이라고 말하고 손뼉을 세 번 치면서 교사를 바라보는 것이다. 또 매 수업 개시 전에 교사가 "지금은" 하고 말하면 학생들이 "우리 반 하나 되기" 혹은 "참 조용한 우리 반" "우리는 할 수 있어요."라고 이어받아 말하는 식으로 각 반의 특성과 각각의 환경에 맞는 구호를 한 번 이상 사용하였다. 이와 같은 방법은 일선 초등학교에서 실시되고 있는 것으로 교사가 학생들에게 기대하는 바를 명확히 전달하기 위하여 재구조화하였다.

라. 집단강화

(가) 자유시간 부여

자유시간 실시(Kartub et al., 2000)는 집단의 규칙에 대한 강화로서 효과적인 방법으로 여러 가지로 운용(김미선, 박지연, 2005)할 수 있다. 본 연구에서는 전체 학생들이 규칙을 지킨 것에 대한 보상을 보장해 주는 형태로 실시되었다. 담임교사는 학교규칙이 잘 지켜져서 학교활동과 학급의 운영이 원활히 진행될 때 학생들에게 1주일에 1회 10분간 복도에서 자유로운 활동("우리 마음 대로 할 수 있는 시간")이 가능하다는 것을 미리 공지하였다. 자유시간은 매주 토요일 4교시에 부여하였다. 교사는 계약된 학생행동 관리의 일환으로 일과시간에 자유로운 활동시간에 대해서 학생들이 숙지하도록 안내하였다. 교실관리는 학급특성에 따라서 토큰 경제와 연결하였다. 강화제는 공기알이나 플라스틱 딱지, 바둑알 등 이었다.

(나) 질서 우수반 표창(매월 1개 반 시상)

질서 우수반 표창은 초등학교에서 전형적으로 실시하고 있는 것이다. 본 연구에서는 보상이 후원활동과 연계되도록 구조화하여 실시하였다. 질서 평가단 구성은 학년부장교사, 생활지도부장교사, 교감으로 구성하였다. 평가 내용은 <표 10>과 같다. 평가 내용의 점수는 각 항목당 10점 만점이었다. 학교 순시활동시간을 통해서 매주 평가하여 매월 1회 누계 점수에 의해서 높은 점수를 받은 1개 학급을 시상하였다. 상장과 상표를 제공하여 상장은 교실 앞쪽에 상표는 복도 학급 안내판 위에 부착하였다.

선정된 학급의 학생들과 지도교사에게는 질서 우수반 "친구되기" 팔찌와 파티용 간식이 부상으로 제공되어 후속 지도활동으로 이어질 수 있도록 하였다. 부상으로 제공된 후원 팔찌를 차고 다니는 학생들의 경우는 지속적인 언어적 강화를 받았다.

〈표 10〉 질서 우수반 평가 내용

항목	실천내용
실내 생활 (교실과 복도 에서의 존중과 안전)	• 우리 학급은 실내에서 조용하다. • 수업 전 아침 활동시간에 조용히 하고 자습을 하거나, 책을 읽으며 자기 일을 한다. • 수업 이동 시 줄을 서서 조용히 걸어간다. • 복도에서 좌측통행을 하며 뛰지 않는다. • 하교 시 신발장 앞에서 차례를 지킨다.
예절 생활 (교실과 복도 에서의 존중)	• 어른이나 교사를 만났을 때 인사를 한다. • 친구 간에 인사를 한다. • 대화 시에는 조용한 목소리로 이야기한다. • 친구나 교사에게 먼저 다정하게 이름을 부른다.

마. 질서 당번제 운영

학생들의 행동에 대한 모니터링(Metzler et al., 2001)은 복도를 중심으로 실시되었다. 학급당 질서 당번을 2명 선정하여 매일 하교시간에는 차례로 줄을 서서 이동하였다. 이동시간에 복도에서 뛰거나 미끄러지거나 장난을 치거나 좌측으로 줄 서서 다니지 않는 학생을 체크하여 점심시간에 질서 당번과 함께 바로 걷기를 실시하였다. 질서 당번의 선정은 학급차원의 실행과 연결하여 규칙 지킴이 모니터 대회에서 최고상을 받은 학생으로 하였다. 질서 당번제는 학생이 학교에 있는 시간에 어느 곳에도 방치되지 않도록 하기 위해서 실시되었다.

바. 사회적 기술교수

사회적 기술교수는 대안행동의 한 요소이다(Kamps et al., 1999; O'Hearn & Margaret, 2002; Stormant, Lewis, & Beckne, 2005). 학습된 사회적 기술의 일반적인 사용을 증가시키기 위해서 직접적인 중재를 실시하였다(Lewis, Sugai, & Colvin, 1998; Mathur & Rutherford, 1996; Sugai & Lewis, 1996).

사회적 기술교수는 전체 교실에서 재량시간과 아침자습시간을 이용하여 주 2회 각 20분 정도 실시하였고 20회기 동안 진행되었다.

사회적 기술은 학생들에게 "교실에서의 약속"으로 명명되었다. 사회적 기술은 학급차원에서의 직접교수로 이루어졌다. 담임교사가 교실에서 지켜야 할 약속에 대해서 긍정적인 예를 설명하고 시범 보이기, 역할놀이, 토론, 활동지 작성, 실제 상황에서의 활용 등 구조적 학습으로 이루어졌다. 세부적인 교수활동은 각 학급특성에 맞게 담임교사에 의해서 조정되었다. 사회적 기술은 집중 교수시간 이외에 학교의 이동시간, 등하교시간, 특별활동시간, 현장학습, 식당, 운동장 등 다양한 상황에서 학생들을 강화, 모델, 코치하는 데 사용되었다. 학생들은 활동이 끝나면 성과차트에 스티커를 받았다. 교실에서는 1달에 1회 성과차트를 결산하는 간식파티(집단강화)를 실시하고 "으뜸지킴이"를 선정하였다. 사회적 기술 향상 프로그램(Begun, 1996)은 학급기술, 우정기술, 문제해결기술, 분노통제, 자아 존중감, 자기통제, 타인의 권리 존중, 자기행동에 대한 책임감이 목표로 구성되어 있다. 회기별 구체적인 활동내용(박현옥, 2005; McGinnis & Goldstein, 1997; Huggins, 1995; Committee for Children, 1990)은 <표 11>과 같다.

〈표 11〉 사회적 기술교수 프로그램

회기	주제	활동내용	비고	추천 강화
1	지도행동 수용	안전하고 정돈된 환경에 도움이 되는 적절한 행동 -훈육행동에 관한 사례를 듣고 학교의 규칙에 부합하는 학급의 규칙과 어겼을 경우에 행해지는 결과와 중재방법 알기	활동시트를 교사와 학생이 나누어 보관	스티커
2	부정적인 행동 피하기	긍정적인 행동 배우기 -교실 규칙 포스터 만들기	복도와 교실에 게시	집단강화
3	규칙 따르기	지정된 장소에서 지켜야 할 안전 규칙 -교사가 불러주는 교실의 규칙을 듣고 쓰고, 짝을 지어서 서로 규칙을 불러주고 듣고 쓰기	모둠별 활동	스티커 좋은 청취자 배지
4	듣기	칙에 관한 이야기나 특별한 정보를 듣고 지시에 따라서 활동하기(색칠하기, 쓰기 등)	갑자기 멈추기 게임	물질적인 보상
5	지시 따르기	지정된 장소에서 지켜야 할 안전 규칙을 익히기 -복도에서 식당으로 이동하기, 운동장으로 가기 등	"얼마나 걸리나" 게임	집단강화
6	지시 따르기	학교활동 상황에서 필요한 여러 가지 지시를 수업활동 차트에 따라서 학생들이 ***이 되어서 실행해 보기	***가라사대 게임	학급리더 선발기회
7	자신에 대해서 좋게 느끼기	자신에 대한 긍정적인 점 발견하기 -교사가 자기의 좋은 점을 말하고 학생들이 자신들의 좋은 점에 대해서 생각해 보기, 자신의 긍정적인 점 찾아보기, 급우들의 긍정적인 점 찾아보기	"나는 누구일까요" "칭찬하고 싶어요!" 차트 만들기	집단강화, 발표
8	자신에게 보상하기	자신에게 보상하는 방법 배우기와 강화제 목록 찾기	노래 이용하기	자기칭찬
9	현명한 선택하기	잘못된 결과 알기 -규칙을 깨는 것 이외에 부적절한 행동의 결과를 찾아 규칙에 따라 행동하기나 어떻게 해야 할지를 결정하기	학교규칙 차트	집단강화, 언어적 승인
10	규칙 위반의 결과 받아들이기	사회집단에 대한 규칙을 알고 개인의 이익과의 관계들 속에서 개인이 존중되는 사회집단의 규칙에 대한 대처방법 찾기	게임, 활동지 이용하기	집단강화, 언어적 승인

<계속>

회기	주제	활동내용	비고	추천 강화
11	말로 사과하기	잘못을 했을 때 어떻게 해야 하는지 알기	낱말 맞추기, 안전교실 차트	스티커
12	우연한 사고 받아들이기	교실 내 안전과 관계하여 타인의 물건을 손상시켰을 때 해야 할 일 알기	안전교실 차트	선발 기회, 칭찬
13	함께 문제 해결하기	당면한 문제에 대해서 서로 토론하고 생각해서 대안 찾기	역할 놀이	집단강화
14	문제 해결 전략 이용하기	평화적인 방법 알기 －상황에 따라서 가장 좋은 문제해결책에 대한 계획을 세우기	활동계획 시트, "……라면 나는 어떻게 할까?" 활동지	"문제해결 사" 배지
15	합의한 과제를 정확하게 완수하기	교사에게서 지시받은 과제를 시간 내에 따르기 －도서 코너 정리하기, 쓰레기 줍기, 책상 정리 등	부모님께 보내는 편지, 심부름 차트, 교과목 활동 시트, 개별 과제 완수 활동	언어적 칭찬, 집단강화(자유시간), 물질적 보상
16	의사소통 방법	친구가 되기 위한 여러 가지 의사소통 －칭찬, 온화한 말, 껴안기, 몸짓, 그림, 노래, 편지	마니또 정하기	집단강화, 물질적 강화: 폴라로이드, 디지털사진
17	다른 사람의 분노 다루기	갈등상황에서 위협적이지 않은 말과 행동으로 타인의 분노 다루기, 분노 표현방법 익히기	인형놀이, 정중한 말 연습하기, 사회기술 차트	스티커, 언어적 칭찬
18	감정 표현하기	여러 가지 감정을 이야기하기	"느낌 바구니"	"느낌 바구니"의 행운 말 읽기
19	편견 예방하기	독특한 개인차를 알고 다양성으로 받아들이기	"못생긴 애벌레" 이야기	집단강화, 승인
20	나쁜 일 하는 것에 대해서 "안 돼"라고 말하기	부정적인 또래의 압력에 저항하고 부추겼을 때 잘못된 선택 피하기	역할놀이	스티커, 증명서, 자기칭찬

사. 교실행동 관리

(가) 토큰 경제: 규칙 지킴이 모니터 대회와 수준 시스템 적용

매일 조별로 규칙을 잘 지킨 조에 대해서 담임교사가 토큰 강화를 실시하고 주말에 합산하여 으뜸 지킴이 모둠(우수 그룹)을 선정하였다. 우수 그룹에는 자신들이 규칙을 지켰을 때 하고 싶다고 희망했던 활동을 허락하였다. 또한 규칙 지킴이 대회에서 개별 최고득점자(규칙 지키기 표에 붙어 있는 스티커 수나 토큰으로 사용된 물건이 가장 많은 학생)로 선발되면 특권을 받았다. 특권의 내용은 학생들이 사전에 받고 싶은 것으로 목록을 작성하여 최고상으로 선발되었을 때 선택하는 것이었다. 각 학급에서 사용된 토큰은 학급의 특성에 따라서 다양했다. 폴라로이드 사진, 디지털 사진, 스티커, 체크표시, 별, 왕관, 점수, 웃는 얼굴, 잉크도장, 배지, 카드, 공기알, 플라스틱 어린이용 장신구 등이 사용되었다.

학생들이 규칙을 어겼을 때는 부착된 토큰을 제거하고 제거의 수준에 따라서 휴식시간 없애기, 강화목록에서 선호강화 지워나가기 등을 실시하였다. 학급에서 담임교사만이 실시하는 것이 아니라 학급에 들어오는 교과담당교사가 함께 하여 학생들은 모든 수업시간에 행동관리를 받도록 하였다. 토큰의 가치체계는 각 학급에서 담임교사와 학생들 간에 결정하였고 규칙 지킴이 선발과 혼합되어 실시되었다.

(나) 자기 점검과 평가

효과적인 자기관리 전략의 하나(Coleman & Webber, 2002)로 자기점검과 자기평가를 실시하였다. 각 학급의 특성에 따라서 매일 혹은

1주일 단위로 학생들이 행동의 비율을 변화시키기 위해서 행동목록 표에 자신의 행동을 기록하였다. 자신이 정한 기준에 따라서 그 목적을 달성했는지 체크하고 스스로 평가표를 작성하였다. 점수 기준은 Rhode 등(1983)의 체계를 사용하여 5점을 기준으로 하였다. (5)는 전체 수업시간 동안 교실 내 규칙을 잘 따랐거나 정확하게 했을 때, (0)은 전체 시간 동안 과제를 하지 않았거나 한 번 이상 규칙을 어겼을 때 주어지도록 하였다. 자신의 기준을 정하고 그 기준에 도달했으면 기록표에 웃는 얼굴 도장을 찍어주거나 기타 선호하는 방법으로 스스로를 칭찬하게 하였다. 자기점검표는 학생들의 파일에 누적 게시하도록 하였다.

(2) 개별적 지원

개별 학생의 지원팀은 기능평가의 결과에 기초로 긍정적 행동지원 계획을 고안하였다

계획안에는 배경사건을 포함한 문제행동 예방에 대한 행동지원이 포함되었다. 교육환경에서는 교실환경이나 과제에 변화를 주어서 문제행동을 일으킬 수 있는 요소를 제거할 수 있도록 하였다. 학생의 환경내의 요구를 조절하고 개별 학생들이 교사의 직접적인 도움과 지도를 받을 수 있도록 좌석을 전진 배치하였다. 개별 학생을 위한 선행사건의 중재에는 선택할 수 있는 기회를 늘리거나 교육과정을 적합화하였다. 문제행동이 일어났을 때는 그 행동으로는 목적을 달성할 수 없고 어떤 행동을 해야 할지에 대한 재지도 계획을 수립하였다. 개별 학생이 학교와 학급에서 의미 있고 즐거움을 느낄 수 있

는 활동들에 대해서 의견을 나누고 이를 반영하였다.

학생별로 특별한 개별적 지원에 대한 계획이 포함되었다. 개인적 배려에 대한 계획은 학교에서 질적인 해결을 하기 어려운 가정적인 문제나 발달적 문제 그리고 지역사회에서 실행되어야 할 요소가 포함되었다.

믿음이의 경우는 어머니의 면담을 통해서 미처 발견하지 못한 학생의 관심사에 대한 정보를 수집하였다. 방과 후에 학생과 함께 할 친구가 없고 학교 이외 활동에서 매우 제한적인 참여에 관한 것으로 개별적인 지원뿐 아니라 가정과 연결하여 다른 환경에서의 지원과 연결되어야 하는 필요를 제공하였다. 방과 후 프로그램의 재구조화와 학생의 선호활동을 의미 있게 발전시킬 수 있는 계획이 수립 실시되었다.

소망이는 담임교사나 특수교사뿐 아니라 학생의 걱정인 학업적 결손에 대한 지원을 위해서 개별학습 도움 대학생 봉사자를 지원하였다. 개별학습 도움 대학생 봉사자는 지역사회복지관의 방과 후 교실과 연계하였다. 2인이 지원을 하여 소망이는 각각의 교사와 1회의 만남을 가졌고 선호도에 따라서 남자 봉사자가 교수학습을 담당하였다. 개별학습은 주 2회 20회 실시되었다. 아버지가 이 시기에 사고로 병원에 입원하게 되어 학생의 위생과 식사를 비롯한 가정생활을 위한 지원이 계획되었다. 이를 위해서 학급의 어머니회에서 지원을 협조하여 주 1회 소망이의 가정방문을 실시하였다.

사랑이의 경우, 현재 학교생활에서 나타나는 문제 양상이 과거 부적절한 경험과 연관되어 지원계획의 필요가 대두되었다. 지역사회 보건소와 연결하여 이에 대한 전문적인 상담을 받을 수 있도록 의뢰하였다. 상담지원은 학생의 현재 문제행동에 집중하는 것으로 제한하였다. 상담의 주된 내용은 지금 학생의 부모와 교사나 급우들과의 관계에서의 학생의 어려움, 관찰을 통해서 나타난 부적절한 화장실 사용과 인형놀이 등에 대한 학생의 생각과 느낌의 표현이었다. 상담은 1주일에 1회 10회기에 걸쳐서 실시되었다. 사랑이가 지역사회의 보건소로 이동하는 것은 보건교사가 지원을 하였다. 개별 참여 학생들의 문제행동에 대한 긍정적 행동지원 전략은 <표 12>, <표 13>, <표 14>와 같았다.

〈표 12〉 믿음이의 문제행동에 대한 긍정적 행동지원계획

배경사건, 선행사건 중재	대체행동 교수	후속사건 중재	연계된 지원
• 클럽활동(배드민턴부) • 적절하고 수정된 과제 제시 • 학생이 선호하고 할 수 있는 숙제 내주기 • 자리배치: 가운데 앞줄 • 또래 지원망을 만들어 주기: 수업 / 이동시간에 직접적인 도움을 줄 수 있는 친구, 전반적인 학교활동을 함께하면서 지원하는 그룹 지원 • 선택의 기회 주기 • 학교활동에 역할부여 • 비선호적인 시간과 활동에 적절한 도움과 단서의 제공	• 교사에게 도움 청하기 • 수업 중 말하기 전에 손을 들고 승인을 기다리는 기술 기르기 • 참견을 하고 싶거나 자신의 의사를 나타내고 싶을 때, 해당 그림판을 교사나 급우에게 보여주기 • 선호하는 활동 하기	• 긍정적인 행동에 대해서 스티커를 붙여 주고 좋아하는 활동 선택하게 하기 • 학생의 바람직한 행동에 대해서 즉각적인 칭찬을 해주고 행동에 대해서 진술해 주기 • 문제행동이 발생하면 즉각적으로 복구하기 • 문제행동에 대해서 학생이 이해할 수 있는 단어로 진술해 주고 학생이 받아서 반복하기	• 자연스러운 환경으로의 방과 후 활동구조화: 장애 학생을 위한 방과 후 교실에서 학생이 바라는 대로 방과 후에 일반학생과 공부할 수 있도록 지원 • 여가 프로그램 계획: 일반학생과 함께 하는 수영장 프로그램에 참가
삶의 질 증진을 위한 지원	• 선호활동을 이용한 여가활동: 학교장과 함께 무밭 관리자 역할 부여, 학급에서의 화분 관리담당 • 방과 후 교사와 함께 하는 활동: 주 1회, 20분 이상 방과 후에 학생에게 개별적인 시간 부여(담임교사와 이야기 나누기, 배드민턴을 치거나 교사 체력단련 시간에 도우미 역할 등 학생 선호활동) • 학생이 식사를 하지 않고 왔을 때 등교 후 수업 시작하기 전 학교 교직원 식당에서 영양사의 관리 감독 아래 아침 식사 제공		
체제 개선을 통한 지원	• 담임교사와 특수교사의 협의하에 일반학급에 머무는 시간을 융통성 있게 조절하기 • 학생의 의사에 따라서 개별 학생행동 지원팀과의 상담이나 느낌 나누기 시간 부여		

〈표 13〉 소망이의 문제행동에 대한 긍정적 행동지원계획

배경사건, 선행사건 중재	대체행동 교수	후속사건 중재	연계된 지원
• 학생의 선호도를 고려한 클럽활동 재배치(종이 접기부) • 자리배치: 교실 앞 끝 • 과제 완성 기준을 분명히 제시 • 학업을 위한 1:1 또래 지원망 만들어 주기 • 학습스타일 바꿔주기(종이 접기를 이용한 학습, 글씨에 그림을 포함할 수 있는 필기방법이나 워드작업을 이용한 필기를 허용, 스스로 선택하기, 활동 중심학습) • 비선호적인 시간에 교사의 직접적인 도움 제공 • 이동 시 원칙을 매번 확인 해 주기	• 교사가 필요할 때 손을 들기 • 기다리는 기술 기르기 • 선호하는 활동을 허락 받아 하기 • 자신을 놀리고 흉내내는 또래의 말무시하기 • 긍정적인 자기표현방법 익히기 • 매일 일과에서 즐거웠던 일 찾아서 말하고 쓰기 • 긍정적인 행동을 배우고 쓰기연습을 위한 방식으로 사회적 상황이야기 활용하기	• 긍정적인 행동에 대해서 스티커를 붙여주고 좋아하는 활동을 선택하여 하기 • 바람직한 행동에 대해서 즉각적인 칭찬을 해주고 행동에 대해서 진술해 주기 • 문제행동이 발생하면 일어난 행동에 대해서 순서일지를 쓰고, 교사에게 행동에 대한 점검 받기	• 개별 학습도우미 지원: 주 2회 방과 후에 각 40분 이상 국어과 (읽기와 쓰기)와 수학과에 대해서 개인지도를 지원 • 급식 지원: 학생의 아침 식사를 지원하고 하교 시 저녁 식사를 위한 국과 반찬을 지원(학생의 요청 시 밥도 동시에 지원)
삶의 질 증진을 위한 지원	• 자원봉사자와 함께하는 주말 여가 프로그램: 담임교사나 특수교사가 함께 동반하게 함. 서점 가기, 국악원, 예술의 전당 가기, 인사동 탐방하기, 아름다운 가게 방문하기 등 • 가정생활 도우미(학급 어머니회 주관): 주 1회 학생의 가정방문을 통한 가사 지원활동 실시 • 선호활동 이용: 수업시간에 필요한 공학 기자재(컴퓨터, 실물 화상기, 복사기 등) 활용을 위한 도우미 역할 • 컴퓨터실 이용하기: 강화프로그램의 일환으로 실시		
체제 개선을 통한 지원	• 담임교사와 특수교사의 협의하에 일반학급에 머무는 시간을 융통성 있게 조절하기 • 학생의 의사에 따라서 개별 학생행동 지원팀과의 상담이나 느낌 나누기 시간 부여		

〈표 14〉 사랑이의 문제행동에 대한 긍정적 행동지원계획

배경사건, 선행사건 중재	대체행동 교수	후속사건 중재	연계된 지원
• 노래 부르기를 좋아하는 학생의 선호를 고려하여 클럽활동 재배치 • 전체 학생들 앞에서 짧은글 읽기의 기회를 주 3회 이상 제공 • 수업 개시 전에 전체 인사시키는 역할 부여 • 관심과 기회를 주기 • 과제의 길이를 짧게 제시 • 여러 개의 짧은 과제로 분할하여 제시 • 비선호적인 시간에 도움 제공 • 행동 계약서 만들기 • 이동시 짝 만들어 주기	• 도움이 필요할 때 손을 들기 • 의사표시를 할 때 교사를 바라보고 1회만 부르고 반응기다리기 • 기다리는 기술 기르기 • 수업 중 떠들지 않는 것에 대한 교실 규칙을 매일 아침에 교사 앞에서 읽기, 연습 후에는 스스로에게 상기시켜 조용히 속으로 이야기하기 • 비선호적 상황에서 싫거나 거부하는지에 대해 말로 의사 표현하기	• 긍정적인 행동에 대해서 칭찬해 주고 스티커 붙여주기 • 학생의 바람직한 행동에 대해서 즉각적인 칭찬과 행동에 대해서 진술해 주기 • 긍정적인 행동이 일어나면 행동이 서술된 것을 교사와 한 번씩 돌아가면서 읽기 • 문제행동이 일어나면 좋아하는 시간, 선호 활동 박탈하기 • 문제행동에 대해서 학생이 이해할 수 있는 단어로 진술해 주고 학생이 반복하기 • 행동 계약서에 점검하고 교사 확인 받기	• 상담지원: 학교보건소에 의뢰하여 지역사회 보건소의 정신과 의사의 주 1회 상담실시: 화장실에 친구를 데리고 가는 행동, 평상시 과장된 가정 구성원에 대한 이야기, 자신의 희망 등에 대하여
삶의 질 증진을 위한 지원	• 학생의 상담 시 이동 지원: 학생이 선호하는 보건교사가 지원, 때에 따라서 담임교사와 특수교사가 지원 • 점심식사 시간 식사 당번 도우미 역할 부여 • 담임교사와 나누는 대화의 시간: 주 2회 이상 대상 학생이 선호하는 코코아나 기타 차와 다과를 즐기면서 10분간 학생이 하고 싶은 이야기 들어주거나 이야기를 나누는 것		
체제 개선을 통한 지원	• 담임교사와 특수교사의 협의하에 일반학급에 머무는 시간을 융통성 있게 조절하기 • 학생의 의사에 따라서 개별 학생행동 지원팀과의 상담이나 느낌 나누기 시간 부여		

(3) 행동지원의 극대화를 위한 학교체제 개선

보편적인 지원과 개별적인 지원이 동시에 이루어지기에 각 실행들이 정교화되면서 개별적인 지원이 함께 이루어지는 것이 매우 중요한 사안이 되었다. 이를 위해서는 학교장을 비롯해서 교사와 다른 학교관계자들이 프로그램에 총체적인 책임을 지고 관리했다. 학교가 행정업무를 처리하는 데 과다한 시간의 낭비를 없애고 학생지원을 위해서 효율적 시간관리 체제로 변화하는 것과 학교관계자 간의 효과적인 의사소통의 생성이 주된 체제개선 사안이었다.

가. 학교업무와 활동의 구조화를 통한 효율적인 시간관리

학교장은 수직적으로 전달하고 독려하는 관리자 중심의 평가를 우선하는 기존의 학교운영방법을 재구조화했다. 효율적인 시간 관리를 위해서 방과 후에 학교장 중심으로 2주 1회씩 진행되던 학년별 간담회를 폐지했다. 학교의 각종 결제사항은 전자결제와 결제를 모아서 행정실 직원이 한꺼번에 전달하는 방식으로 전환하였다.

참여 학교의 경우 여러 행사들과 다양한 학교업무들이 진행되는 가운데서 긍정적 행동지원이 실시되는 것이었으므로 팀 회의에 대한 시간의 관리방법과 원칙이 필요하였다. 팀 회의에서는 원활한 의사진행을 위해서, 모든 참여자가 발언하되 반복 발언하지 않고, 참여자의 90%의 동의를 얻으면 다음 사항으로 진행하였다. 회의시간에 장소 이탈이나 휴대폰 통화 등 개인적인 업무는 허락되지 않았다. 이러한 원칙은 팀이 회의에 불필요하게 시간을 소모하거나 각 교사들의 생각이 다를 때 최단 시간 내에 합의를 하기 위해서였다. 모든 회의시간은 1시간을 원칙으로 정하였다.

나. 역할 분담을 통한 효과적인 의사소통

중재 실행에 있어서 각 팀이 규칙적으로 만나서 계획하고 합의된 사항을 실천하는 것이 의사소통의 효율성과 효과성을 위해서 중요시되었다. 중재가 지속되는 동안 학교관리자(교감, 학년부장교사, 교무부장교사)와 교사, 연구자가 참여하는 모임을 월 1회 실시하였다. 이는 행동지원 참여자들이 책무성을 지니고 역할에 대한 인식을 분명히 하는 가운데 학교차원의 긍정적 행동지원이 진행되도록 하기 위함이었다.

회의는 매월 첫 주 금요일 방과 후에 진행하는 것을 원칙으로 하였고 회의 진행은 학년부장교사가 담당하였다. 회의에서는 **초등교사다움을 위한 결의안이 상기되고 교사가 지켜야 할 사항들이 확인되고 재조정되었다. 회의는 모든 참여자들이 어떻게 잘 실천할 수 있는지에 대한 방법론의 모색이 주안점이었다. 초기 팀 운영에 대한 원칙을 정하였다. 모든 활동은 팀원의 합의를 원칙으로 하며 합의된 사항에는 팀원들이 책임감을 위해서 각자 명시된 부분에 서명을 하였다. 상호 존중하고 생산적으로 협력하기 위해서 팀원 각자에 대한 불만이나 의견을 직접 전달하는 방법은 지양하였다. 학년 전체가 움직여야 할 사안일 경우, 주 1회 실시되는 학년회의에서 충분히 논의되었다. 불충분한 안건은 전체 회의에서 토의하였다. 학교체제 운영에 새로운 의견이 있을 경우는 미리 학년부장에게 의사표시를 하여 회의 이전에 새로 토론에 부칠 안건을 수합하는 과정이 있었다.

회의에서 결정된 사항은 유인물로 교무실과 학년 연구실에 게시되었으며 학년부장교사는 교감을 배석한 상태에서 학교장에게 보고하였다. 학교장이 전체 학생들에게 알려야 할 경우는 월요일 조회시간을 통해서 공지하였으며 전체 교사에게 알려야 할 경우는 금요일 교직원 회의에서 교감이 전달하였다. 이러한 공지방법 또한 팀 회의에서 의논되었다.

6. 종속변인 및 자료 수집

학교차원의 긍정적 행동지원이 장애 학생을 포함한 학생들의 문제행동과 학교 분위기에 미친 영향을 알아보기 위하여 다음의 도구를 사용하였다.

1) 전체 학생의 문제행동과 학교 분위기

(1) 문제행동

관찰 범주는 연구자와 학교관리자의 협의하에 만들어진 학교규칙(기본이 바로 된 어린이) 위반 행동이다. Lewis, Sugai, & Colvin(1998)과 Colvin, Kameenui, & Sugai(1993) 그리고 Carol 등(2001) 여러 연구자들이 다양한 상황에서 기대행동 목록으로 사용한 바 있는 학교차원의 규칙과 행동에 대한 목록 등을 참고하였다. <표 15>에 제시된 측정행동 범주와 조작적 정의에 근거하여 전체 학생의 문제행동을 빈도 기록으로 측정하였다. 전체 학생의 문제행동은 학교차원의 규칙을 위반하는 것으로 수업시간 내 교실, 이동시간에 대해서 총 6개 항목이다. 학급당 1회에 10분씩 직접관찰하며, 10분 단위 시간 내 문제행동에 대한 발생횟수(<부록 Ⅱ> 참고)를 기록하였다. 전체 학생의 문제행동은 1개월 단위 각 2회 1세트로 하여 총 8회 4세트 (4, 5, 6, 7월)로 측정하였다.

〈표 15〉 전체 학생들의 문제행동에 대한 조작적 정의

	수업시간에서의 문제행동		이동시간에서의 문제행동
소음 내기	• 수업 중 교사가 수업활동을 중단하고 떠들기 행동에 대한 언어적, 행동적 제재를 하는 것을 의미함	걷기 이외 의 행동	• 달리거나 뛰거나 미끄러지거나 드러눕는 행동을 하는 것 • 학교물건(신발장, 알림판 등)을 발로 차거나 건드리는 행동을 하는 것
교사 지시 거부 하기	• 교사가 수업에 관계된 안내를 하거나, 해야 할 과제를 부여할 때 시작행동을 하지 않거나, 수행하지 않아서 교사가 말이나 행동으로 개입하는 것을 의미함	소음 내기	• 소리 지르기 • 울기
옆 친구 방해하기	• 수업 중 허락 없이 다른 학생과 이야기를 하거나 소음을 만들어서 수업에 방해가 되는 행동을 하는 것	친구 몸 집적 대기	• 다른 학생을 손이나 발 혹은 다른 기구(예: 필통, 신발주머니, 공책 등)로 치는 행동 • 다른 학생의 목을 팔로 감는 행동을 하는 것

(2) 학교 분위기

학교 분위기는 관리상 훈육지도(Nelson, Ronald, & Nancy, 2002)와 학교 분위기(Shindler et al., 2003)로 정의하였다. 관리상 훈육지도는 수업시간 내 교실에서, 이동시간에 복도에서 문제행동에 대한 교사나 학교관계자의 경고, 수업환경에서의 이동이나 퇴출(타임아웃), 교감지도(교무실호출)이다. 관리상 훈육지도는 수업시간 내 교실, 이동시간에 대해서 총 6개 항목에 대해서 대상 학급당 1회기에 10분씩 직접관찰하였다. 10분 단위 시간 내 관리상 훈육지도에 대한 발생횟수(<부록 Ⅲ> 참고)를 한 달 단위 각 2회 1세트로 하여 총 8회 4세트(4, 5, 6, 7월)로 측정하였다. 학교 분위기 검사(WASSCA: Western Allance for the Study of School Climate Assessment)는 총 45문항이다. 학생 간의 관계, 교수환경, 학습·평가, 태도·문화, 안전의 5개 하위영역에 각 9개 항목으로 구성되어 있다. 본 연구에 사용된 학교 분위기 검사는 3점 척도의 형태로 점수가 높을수록 학교 분위기가 긍정적임을 의미한다. 학교 분위기 검사는 중재 전과 중재 후에 전체 학생을 대상으로 실시(<부록 Ⅳ> 참고)하였으며 소요시간은 20-30분 내외였다.

2) 개별 학생의 문제행동과 삶의 질

(1) 문제행동

사례연구의 참여자인 개별 학생의 문제행동은 학생이 지니는 여러 가지 문제행동들 중에서 전체 학생의 문제행동과 같은 맥락으로 정의하였다. 참여 학생들이 수년간 교육을 받았음에도 불구하고 해결되지 않은 문제들로 남아 있어서 겹으로 지원하기 위함이었다. 개별 학생의 문제행동은 수업 방해행동, 부적절한 환경행동을 포함한 것으로 수업시간과 이동시간에 직접관찰로 보고되었다. 3인의 개별 학생들은 공통된 문제행동 이외에 다른 문제행동을 나타내는 경우도 있었지만 이는 관찰에서 제외되었다. 자료 관찰은 Kamps 등(2000)의 연구에서 개별사례에 이용한 관찰방법을 참고하였다. 문제행동 관찰은 학생들이 일반학급에서 수업을 받는 것을 기준으로 하여 수업시간과 이동시간 내 각 10분씩 관찰하며, 10분 단위 내 문제행동에 대한 발생횟수를 한 달 단위로 2회 1세트로 하여 총 8회 4세트를 측정하였다. 또한 이 기간 동안에 대상 학생에 대한 교사의 칭찬과 견책의 내용을 비고란에 기록하였다. 관찰자 위치는 교실 뒤에 복도쪽 출입문 옆쪽의 자리에서 관찰하였다. 개별 학생들의 문제행동의 조작적 정의는 <표 16>과 같았다.

<표 16> 개별 학생들의 문제행동의 조작적 정의

	수업시간에서의 문제행동		이동시간에서의 문제행동
소음 내기	• 수업 중 방해가 될 정도로 질문을 하거나 말대답을 하거나 혼자 말을 하여 교사가 수업활동을 중단하고 떠들기 행동에 대한 언어적("***" "조용히", "쉿" "그만"), 행동적(종 울리기, 칠판이나 교탁 두드리기, 손을 입으로 가리기 등) 제재를 하는 것을 의미함	걷기 이외 의 행동	• 달리거나 뛰거나 미끄러지거나 드러눕는 행동 • 학교물건(신발장,　알림판 등)을 발로 건드리는 행동
교사 지시 거부 하기	• 수업 중 교사의 지시나 허락 없이 엎드려 있거나 과제와 상관없는 다른 행동을 하는 상태 • 수업 중 교사의 지시를 따르지 않아서 교사가 말이나 행동으로 개입하는 것을 의미함	소음 내기	• 소리 지르기 • 이동에 방해가 될 정도로 웃거나 울기
옆 친구 방해 하기	• 허락 없이 다른 학생에게 말을 걸거나, 옆 친구의 물건을 허락 없이 가지고 가거나, 몸이나 다른 신체부위로 상대를 건드려서 상대가 그에 대한 이의를 제기하는 것을 의미함 • 소음 만들기(예: 소리 지르기, 울기, 혀를 이용한 소리 내기 등)로 교사가 말이나 행동으로 개입하는 것을 의미함	친구 몸 집적 대기	• 다른 학생을 손이나 발로 치기 • 다른 학생을 기구(예: 필통, 신발주머니, 공책 등)로 치는 행동 • 다른 학생의 목을 팔로 감거나 다른 학생의 몸에 자신의 체중을 실어서 함께 움직이는 행동

(2) 삶의 질

개별 학생의 삶의 질적 변화를 알아보기 위하여 구조화된 면접과 문서분석, 참여관찰을 실시하였다.

구조화된 면담은 Keith & Schalock(1995)의 학생의 삶의 질에 대한 설문에서 사회적 관계의 부분과 Schalock(2000)의 삶의 질의 하위요소에 대한 측정지표의 내용을 참고하였다. 질문지의 내용(<부록 V> 참고) 구성은 본 연구자와 초등교육과 대학원을 졸업하고 교육경력 15년인 일반교사 1인과 특수교육과 대학원을 졸업하고 교육경력 10년인 특수교사 1인에 의해 각각 검토하였다. 3인이 만나서 합의한 내용을 특수교육과 교수 1인의 재검토와 현장특수교육관계자(일반교사, 특수교사, 사회복지사, 특수교육학과 학생, 부모, 방과 후 공부방 교사, 학생담당 개인교사, 특수교육보조원 등) 12인이 최종 확인한 것으로 국내 초등학교 실정에 맞도록 하였다.

면담은 2회에 걸쳐서 개별면접으로 실시되었다. 사전면담은 중재가 실시되기 전 4월 1-2주에 걸쳐서 실시되었고 사후면담은 7월 1-2주에 실시하였으며 모든 면담은 방과 후 실시하였다. 중재 전후에 삶의 질에 관한 질문지 내용을 먼저 대상자에게 알리고 그에 대한 생각을 가지고 면담에 임하게 하였다. 면담을 실시하는 중에도 면담 대상자가 질문지를 볼 수 있도록 하였다. 그 이유는 삶의 질이라는 개념이 면담 대상자들에게 익숙하지 않아서 보다 정리된 자료를 얻기 위함이었다.

면담 대상은 참여 학생을 중심으로 구성되었다. 믿음이의 경우는 담임교사, 어머니, 특수교사가 사전면담에 참여하였고 방과 후 공부방 교사가 사후면담에 참여하였다. 소망이의 경우는 학생 본인, 담임교사, 특수교사가 사전 사후 직접면담에 참여하였고 학습도우미 교사는 사후면담에 참여하였다. 사랑이는 담임교사, 특수교사가 사전, 사후면담에 참여하였고 정신과 의사의 경우는 사후 전화 면담을 실시하였다. 면담 장소는 담임교사는 방과 후 학급에서, 참여 학생과 특수교사는 특수학급에서, 믿음이의 어머니와 소망이의 학습도우미 교사는 교사 연구실에서, 방과 후 공부방 교사의 경우는 시설을 방문하여 실시하였다.

학생들의 질적인 변화를 보다 정확하게 분석하기 위하여 개별적 지원이 실시된 기간 중 주 1회 40분 동안 총 10회 관찰하였다. 개별 학생이 참여하고 있는 교실에서 참여관찰을 실시하였다. 연구자에 의해서 실험 기간 동안 학교활동 내 개별 학생의 구체적인 변화, 학급의 분위기, 일반학생과의 상호작용, 교사와 학생 간의 관계, 학생의 활동, 학생의 성과물, 또래 학생이나 본인의 보고 등이 수집되었다.

3) 관찰자 간 신뢰도

본 연구에서는 연구자가 자료 수집을 실시하였다. 전체 학생의 문제행동과 개별 학생의 문제행동에 한해서 관찰자 간 신뢰도를 확인하였다. 관찰 훈련은 주요 관찰자인 연구자와 특수교육 석사학위를 소지하고 직접관찰의 경험이 있는 제2관찰자를 1명 두어 직접관찰 훈련 절차에 의거해서 시행하였다. 두 사람의 관찰자가 관찰 훈련을

통해 목표행동 발생에 대한 일치도가 90%에 이르렀을 때 관찰을 실
시하였다. 관찰기록의 신뢰도는 낮은 빈도를 높은 빈도로 나누어 백
분율로 산출하였다.

 7. 자료 분석 방법

1) 전체 학생의 변화

첫째, 학교차원의 긍정적 행동지원에 참여한 집단의 문제행동에는 어떠한 변화가 나타나는지를 알아보기 위해서 발생한 문제행동의 수의 변화가 있는지를 1개월 월 단위 기술 통계를 사용하여 변화의 추이를 살펴보았다.

둘째, 학교차원의 긍정적 행동지원에 참여한 집단의 학교 분위기에 어떠한 변화가 나타나는지에 대한 자료 분석에 있어서는 두 가지 방법을 사용하였다. 관리상 훈육지도는 문제행동에 대한 결과의 연속성을 살펴보기 위하여 2개월 월 단위 변화를 기술통계로 분석하였다. 학교 분위기는 집단 내 사전 사후의 차이는 종속변인 t검정을 실시하였다.

문제행동 발생 빈도와 관리상 필요한 훈육지도는 한 달에 두 번 측정한 것을 합산하여 그달의 점수(빈도)로 삼았다. 이상의 통계적 분석은 SPSS 12.0 통계 프로그램을 사용하여 실시하였다.

2) 개별 학생의 변화: 사례연구 분석

학교차원의 긍정적 행동지원에 참여한 장애 학생의 문제행동에는 어떠한 변화가 나타나는지에 대한 검증은 개별 문제행동 발생수를 매달 1회(수업시간 교실행동 2회 각 10분 관찰과 이동시간 복도행동 2회 각 10분 관찰로 총 40분 관찰을 1회로 설정) 실시하고 총 4회에 걸친 문제행동 발생수를 월 단위로 기술 분석을 하고 그 변화에 대해서 서술적으로 묘사하였다.

학교차원의 긍정적 행동지원에 참여한 장애 학생의 삶의 질에는 어떠한 변화가 나타나는지는 학생을 중심으로 하여 교사(담임교사, 특수교사), 면담에 응한 부모와 지역사회에서 학생을 지원한 지원자(방과 후 교실 교사, 학습 도움 자원봉사자, 정신과 전문의)를 대상으로 면담을 실시하고 연구자 관찰을 통해서 각 대상 학생 별로 중재 전후의 결과를 각 대상 학생별로 그 변화에 대해서 서술적으로 묘사하였다.

개별사례 학생들에 대한 연구자의 사전관찰과 사전면담은 연구 개시 초기 2주 내에 실시되었다. 10주간의 다른 지역사회와 연계된 중재가 적용된 후에 2주에 걸쳐서 연구에 참여한 모든 지원자들을 대상으로 방과 후에 학교와 지역사회 기간에서 면담을 실시하였다. 학생에 대한 참여 관찰은 학교활동을 중심으로 실시하였다.

8. 중재 모니터링으로서의 교수전략 지원을 위한 연구자 피드백

긍정적 행동지원은 정적인 접근이 아니다. 이것은 지속적으로 진행되는 진단, 계획, 중재와 평가를 포함한다. 긍정적 행동지원을 실시하는 교사는 계획을 잘 적용해 나가는가에 대한 모니터링을 하는 기술을 필요로 하며 이러한 때 긍정적 행동지원이 정당화된다(Dunlap et al., 2000). 본 연구의 타당성을 높이고, 교사의 모든 중재가 원칙에 따라 바르게 제공될 수 있도록 교수전략을 위한 연구자 피드백을 활용하였다. 연구자는 긍정적 행동지원 계획하기 단계에서 정한 보편적 차원에서의 중재, 개별적 차원에서의 중재(선행사건 중재, 대체행동 교수, 후속사건 중재, 다른 환경과의 연결 중재)의 절차들을 고려하여 교수전략 지원을 위한 피드백 목록(<부록 Ⅵ> 참고)을 작성하였다. 각 단계에서 교사의 적정한 행동에 대한 연구자의 피드백을 제공하여 그 결과를 다음번 교수 계획에 반영하도록 하였다. 행동지원팀 협의회에서 참여 교사와 연구자는 단계별 교수 적용과 학생의 문제행동에 대한 연구자의 관찰을 중심으로 검토하는 시간을 갖고 각 교사들이 검토된 내용에 대해서 충분히 알고 다음 중재를 위해서 합의된 내용이 정확하게 반영되도록 하였다.

학교에 대해서는 2주에 1회 수업 개시 전과 방과 후에 실시하였다. 학교의 시설과 복도 그리고 각 교실을 관찰하여 각종 게시물 부착과 학생들의 포트폴리오, 교사행동강령 실천 등을 전반적인 지원이 진행되고 있는지에 대해서 모니터링 하였다. 학급 단위의 중재의 진행을 위해서는 각 학급당 1달 간격으로 총 4회에 걸쳐 중재 진행을 관찰하며 이때는 학급 참관일을 무작위로 정해서 실시하였다.

본 연구에서 연구자 피드백이 중요한 것은 사례연구로서 지니는 의미 때문이다. 장애 학생의 문제행동을 찾아내 그 문제가 학생의 삶 전반에 걸쳐서 의미 있게 변화될 수 있도록 본질적인 해결방법을 모색하고 지원하는 것이 목적이다. 사례연구에서는 학생의 문제를 해결하고 중재해 나아가는 데 사용할 수 있는 가능한 모든 자료의 수집과 중재방법이 검토되어야 한다. 따라서 연구자는 보편적인 수준의 중재지원과 개인적인 중재지원에 대한 피드백이 적절하게 주어지도록 행동지원팀 협의회를 진행하였다. 연구자는 교수자 지원 피드백이 교사들에게 효율적으로 전달되게 하기 위해서 긍정적 행동지원팀 협의회 이전에 편지 형식의 짧은 "쪽지"를 통해서 각 개별 교사에게 관찰 내용을 전달하였다. 전체 팀 회의에서는 일반적인 원칙의 예를 전달하고 협의하는 방법을 사용하였다. 이러한 이유는 실험 참여 학교 교사들의 경우 각 교육방법에 대한 자긍심이 강하였고 중재 모니터링에 대한 교사의 생각이 일종의 지적이나 교육권에 대한 간섭으로 생각하였기 때문이다. 초기에 지적사항은 주로 학생들에 대한 교사의 부적절한 상호작용이나 비일관적인 지도였다. 학생과 교사가 정한 원칙을 학생들이 지키지 않았을 때 장황한 설명을 한다든지, 상황에 부적절한 칭찬과 견책 혹은 약속과 다른 벌칙 지시나 협박, 학생들의 인격을 무시하는 발언 등이었다. 구체적인 예를 들면 "너희들은 선생님 하는 일에 참견하지 말라고 했지.", "쓸데없이 말하지 말라고 했지.", "너 무릎 꿇어.", "정말 손 안 들거야?" "아예

들어가 꼴도 보기 싫어.", "말 안 들으면 다 죽는다." 등이다. 연구가 진행되면서 교사들은 각 교실에서 행해지는 중재의 세부적인 방법에 대해서 의논하기도 했다. 긍정적으로 생각되는 것에 대해서는 합의하여 모든 교사가 같은 방법을 사용하기도 하는 모습으로 발전되어 갔다. 중재 개시 1달 이후부터 연구자는 격려하는 역할을 감당하였다. 교사들의 회의시간과 결제라인의 변경 그리고 학교 전체 환경의 개선 등 학교체제 변화에 익숙해지고, 중재에 있어서 자발적인 모습을 보이기 시작해서 특별히 연구자의 개입이 없어도 계획한 중재들이 차질 없이 진행되는 모습을 나타냈기 때문이다.

9. 사회적 타당도

교사는 학교차원의 긍정적 행동지원에서 적용될 중재와 결과를 이해하여야 한다. 또한 학교차원의 긍정적 행동지원에 있어서 중재를 계획하고 실천하는 것 이상으로 중요한 것은 교사가 어느 정도 변화하고 발전되었는가이다. 교사의 발전은 학교차원의 긍정적 행동지원에 미치는 잠재적 영향에 있어서 간과될 수 없는 부분이다. 연구의 특성을 감안하여 학생들에게 지속적으로 관련하여 개별적 수준의 중재에 참여한 지역사회 관련인들과 부모를 포함하였다. <부록 Ⅶ>의 내용을 중심으로 사회적 타당도 확보를 위한 과정을 진행하였다. 과정은 중재 후에 학교장을 비롯하여 교감, 보건교사를 포함한 교사들과 개별적 지원 참여 학생들의 부모를 포함한 주 양육자, 지역사회 관련인들을 대상으로 중재가 종료된 직후에 사회적 타당도 질문지 문항에 대한 의견을 물었다. 사회적 타당도 질문지는 1점 "전혀 동의하지 않는다"와 5점 "전적으로 동의한다"의 5점 척도를 기준으로 한 문항으로 구성되었다.

구체적인 사회적 타당도 항목에 대한 답을 살펴보면, 교사나 부모 그리고 지역사회 관련인 모두 연구를 통해서 학생의 문제행동을 이해하거나 교수하는 방법에 대한 기술과 능력이 늘었다고 답하였다. 교사의 경우는 학교관리자(4.0)를 빼고는 전반으로 높은 점수(5.0)를 보였다. 부모를 비롯한 주 양육자의 경우는 연구에 협조적인 주 양육자는 4.5 그렇지 않은 주 양육자는 2.0으로 차이가 있었다. 특히 학생들이 학교생활의 중재 과정에 즐겁게 참여하는가와 문제행동을 지니고 있는 학생이 학교생활과 가정생활 혹은 지역사회생활에서 긍정적인 변화가 일어났는가에 대한 항목에서는 공통적으로 5.0인 가장 높은 점수를 나타냈다. 반면에 학교차원의 긍정적 행동지원 프로그램을 다른 관련자들에게 추천하고 싶은 가에 대한 항목에서 학교장, 특수교사, 개별적 지원 참여 학생이 포함된 학급의 담임교사 외에 중간관리자인 교감을 포함한 모든 교사들과 다른 대상자들은 상대적으로 낮은 점수를 부여하였다. 이런 차이에도 불구하고 모든 참여자들은 공통적으로 학교차원의 긍정적 행동지원은 실행 전에는 엄두가 나지 않지만 막상 해보면 좋은 프로그램이라고 하였다. 동시에 실행에 있어서 번거롭고 수고가 많이 들어서 다른 사람들에게 강력하게 추천하기에는 미안스럽다는 생각이 든다고 언급하였다.

구체적인 결과는 <표 17>와 같다.

〈표 17〉 사회적 타당도

항 목	그룹		
	학교관리자 및 교사	부모	지역사회 관련인
학생을 감당할 수 있는 (교육 / 양육) 능력 향상	4.8	3.6	4.6
문제행동 지도에 관한 적절한 전략 과 교수기술 획득	4.7	해당 없음	해당 없음
학생의 교육적 필요에 부합한 연구	5.0	5.0	5.0
대상 학생들의 기꺼운 참여 (학생 참여도)	5.0	5.0	5.0
다른 사람들(교사, 부모, 지역사회 관련인)에게 추천 희망	4.5	4.6	4.6

제 4 장 연구 결과

1. 학교차원의 긍정적 행동지원이 전체 학생의 문제행동과 학교 분위기에 미치는 영향

1) 전체 학생의 문제행동에 나타난 변화

학교차원의 긍정적 행동지원은 <표 18>과 <그림 3>에서 보는 바와 같이 전체 학생의 문제행동 발생수를 감소시켰다. 교실에서 수업시간의 문제행동 발생수는 4월 111회, 5월 73회, 6월 22회, 7월 12회였다. 이동시간에서의 문제행동 발생수는 4월 190회, 5월 61회, 6월 12회, 7월 5회로 나타났다. 전체 학생의 문제행동은 중재가 개시되고 한 달 동안 46.7%의 문제행동 감소를 나타내었고 이후 86.1%, 93.2%로 점차 안정되는 경향을 나타냈다. 초기 문제행동은 교실에서의 발생수보다 이동시간에서의 발생수가 높았으나 중재가 진행되면서 교실에서의 문제행동 감소수보다 이동시간에서의 문제행동 발생수가 상대적으로 낮게 나타났다. 교실에서의 문제행동의 월별 감소율은 5월 34.2%, 이후 80.2%, 89.2%의 문제행동 발생 감소를 나타냈다. 복도에서의 문제행동은 월별로 5월 56.4%, 6월은 91.4% 7월은 96.4%의 문제행동 발생 감소를 나타냈다. 수업시간 교실에서의 문제행동 감소보다 이동시간 복도에서의 문제행동 감소의 비율은 중재 초기부터 50% 이상의 감소를 보여 큰 차이를 나타냈다.

교실에서 나타나는 항목별 문제행동 발생수는 4월 수업 중 소음 내기는 31회, 교사의 지시 무시하기는 40회, 옆 친구 방해하기는 40

회였다. 5월에는 23회, 20회, 30회였으며 6월 발생수는 7회, 5회, 10회였고 중재가 끝난 7월에는 수업 중 교실에서 소음 내기는 5회, 교사의 지시 거부하기는 2회, 옆 친구 방해하기는 총 5회가 발생하였다. 이동시간에서 나타난 항목별 문제행동 발생수를 살펴보면 4월 걷기 이외의 행동은 70회, 소음 내기는 30회 친구 몸 집적대기는 40회였고 5월은 20회, 10회, 31회로 나타났으며 6월에는 3회 2회 7회 그리고 7월에는 걷기 이외의 행동은 2회, 소음 내기는 1회, 친구 몸 집적대기는 2회로 나타났다. 세부적으로 교실에서의 문제행동 월별 감소 추이는 소음 내기는 5월 26%, 6월 77.4% 7월 83.9%로 나타났다. 교사의 지시 거부하기는 5월 50%, 87.5%, 95%로 문제행동 발생이 감소되었다. 옆 친구 방해하기는 25%, 75%, 87.5%의 문제행동 감소를 나타냈다. 이동시간에 복도에서 나타난 문제행동 월별 변화의 추이를 보면 걷기 이외의 행동은 71%, 95.7% 97.1%로 나타났다. 소음 내기는 66.7%, 93.3%, 96.7%로 감소되었다. 친구 몸 집적대기는 22.5%, 82.5%, 95%의 감소를 나타냈다.

<표 18> 전체 학생의 문제행동 발생수의 월별 변화

전체 학생의 문제행동	4월 발생수 (내역별 발생수)	5월 발생수 (내역별 발생수)	6월 발생수 (내역별 발생수)	7월 발생수 (내역별 발생수)
수업시간: 교실	111 (31 / 40 / 40)[*]	73 (23 / 20 / 30)	22 (7 / 5 / 10)	12 (5 / 2 / 5)
이동시간: 복도	140 (70 / 30 / 40)[**]	61 (20 / 10 / 31)	12 (3 / 2 / 7)	5 (2 / 1 / 2)
총 발생수	251	134	35	17

[*] 문제행동 내역: (소음 내기 / 교사지시 거부하기 / 옆 친구 방해하기)
[**] 문제행동 내역: (걷기 이외의 행동 / 소음 내기 / 친구 몸 집적대기)

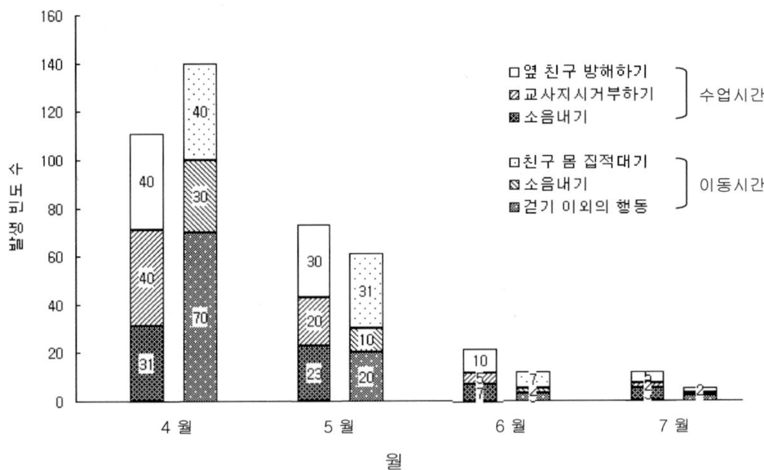

〈그림 3〉 전체 학생의 문제행동 발생수의 월별 변화 비교

2) 학교 분위기에 미치는 영향

학교의 분위기를 학생에 대한 관리상 훈육지도의 빈도와 학교 분위기 검사를 실시하여 알아보았다. 학교차원의 긍정적 행동지원은 <표 19>와 <표 20>과 같이 학교 분위기에 긍정적인 영향을 미쳤다.

(1) 관리상 훈육지도

학교차원의 긍정적 행동지원은 <표 19>와 <그림 4>의 관리상 훈육지도의 월별 기술 측정에서 보는 바와 같이 전체 학생들이 훈육받는 수를 감소시켰다.

관찰된 학교관리상 훈육지도의 발생 빈도는 4월 52회, 5월 20회, 6월 4회, 7월 1회로 감소하여 월별 훈육지도 발생률의 변화가 5월 62%, 6월 84%, 7월 98.1%로 감소하는 변화가 나타났다. 수업시간에서의 훈육지도는 4월 16회, 5월 6회, 6월 3회, 7월 1회로 나타났고 이동시간에서는 4월 36회, 5월 14회, 6월 4회, 7월 0회로 나타났다. 각 상황에서의 훈육지도 월별 발생을 보면 수업시간에는 62.5%, 81%, 94%의 학급관리를 위한 훈육지도의 발생 감소를 나타냈고, 이동시간에서는 38.9%, 97.2%, 100%의 학급관리를 위한 훈육지도 발생 감소를 나타냈다.

〈표 19〉 전체 학생에 대한 관리상 훈육지도의 월별 변화

훈육지도	4월	5월	6월	7월
수업시간: 교실	16(9 / 5 / 2)*	6(3 / 2 / 1)	3(2 / 1 / 0)	1(1 / 0 / 0)
이동시간: 복도	36(20 / 10 / 6)	14(10 / 3 / 1)	1(1 / 0 / 0)	0(0 / 0 / 0)
총 발생수	52	20	4	1

* 훈육지도 내역: (경고 / 수업환경에서의 퇴출 / 교감지도 의뢰)

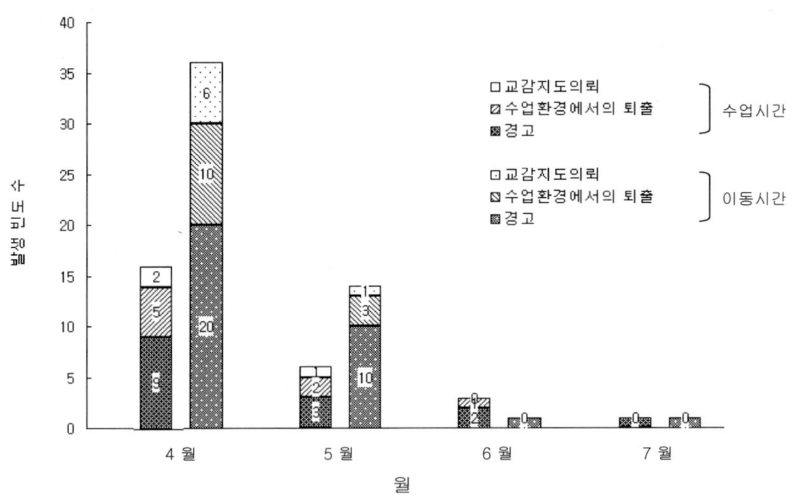

〈그림 4〉 전체 학생에 대한 관리상 훈육지도의 월별 변화

각 상황에서 항복별로 세분하여 보면 전체 학생에 대한 수업시간에서의 훈육지도로 경고를 보면 4월에 경고는 9회, 5월 3회, 6월 2회, 7월 1회로 나타났다. 월별 변화를 보면 66.7%, 77.8%, 88.9%로 관리상의 훈육지도 발생수가 감소되었다. 수업환경에서의 퇴출(타임아웃이나 특정 장소에서 벌서기 등으로 수업활동에 참여하지 못하는 것)은 4월 5회, 5월 2회, 6월 1회, 7월에는 발생하지 않았다. 월별 변화를 보면 60%, 80.8%, 100%로 관리상의 훈육지도 발생수가 감소되었다. 교감지도 의뢰는 4월 2회, 5월 1회 6월 이후는 발생하지 않은 것으로 나타났고 월별 추이를 살펴보면 50%, 100%, 100%로 관리상의 훈육지도 발생수가 감소되었다.

이동시간에 복도에서의 훈육지도의 항목별 내용을 보면 경고는 4

월 20회, 5월 10회, 6월 1회, 7월 0회로 나타났다. 월별 변화는 50%, 95%, 100%로 관리상의 훈육지도 발생수가 감소되었다. 수업환경에서의 퇴출(타임아웃이나 특정 장소에서 벌서기 등으로 특별실 수업활동에서 5−10분간 배제되는 것)은 4월 10회, 5월 3회였고 6월, 7월은 발생하지 않았다. 월별 변화를 보면 5월 측정에서 70%로 관리상의 훈육지도 발생수가 감소되었고 이후 100%의 훈육지도 감소를 나타냈다. 교감지도 의뢰는 4월 6회, 5월 1회였으며 이후에는 나타나지 않았다. 월별 변화의 추이를 살펴보면 5월 측정에서 83.3%로 교감지도에 대한 의뢰의 훈육지도 발생이 급격히 감소되었고 이후 100%의 훈육지도 감소를 나타냈다.

(2) 학교 분위기

학교 분위기 검사는 연구에 참여한 총 237명의 검사자의 응답지 가운데 유효분석 수는 202명이었다. 유효분석 기준은 5개의 항목에서 각각 9개의 하위 문항 중 8개 이상 바르게 반응한 것으로 중복 문항이나 무반응을 제외한 것이다.

학교차원의 긍정적 행동지원이 학교의 분위기에 미치는 효과에 대한 검증 결과는 <표 20>와 같다.

〈표 20〉 학교 분위기의 변화

내 용		사전($N=202$)	사후($N=202$)	t
		$M(SD)$	$M(SD)$	
전 체		86.90(14.89)	130.14(2.98)	-42.50***
하위 항목	학생 간의 관계	18.57(3.60)	26.03(1.09)	-31.33***
	교수 환경	17.03(3.70)	26.13(0.83)	-35.29***
	학습 / 평가	17.53(3.62)	26.19(0.98)	-33.23***
	태도 / 문화	16.72(3.63)	26.20(0.88)	-36.85***
	안전	17.03(3.40)	25.59(1.20)	-34.88***

***$P < .001$.

<표 20>에서 볼 수 있듯이 학교의 분위기의 변화에 대한 분석결과, 사전검사 총점 86.90($SD=14.98$)과 사후검사 총점은 103.14($SD=2.98$)로 이러한 차이는 t=-42.501로 .001 수준에서 통계적으로 유의한 차이가 나타났다. 따라서 학교차원의 긍정적 행동지원은 중재 후에 학교 분위기에 긍정적인 영향을 미쳤음을 알 수 있었다.

구체적으로 학생 간의 관계에서 사전검사와 사후검사 총점이 각각 18.57($SD=3.6$)과 26.03($SD=1.09$)으로 유의도 수준 .001에서 통계적으로 유의한 차이를 나타내었다. 이와 같은 분석결과를 통해서 학교차원의 긍정적 행동지원이 학생 간의 관계를 향상시킨 것을 알 수 있었다.

교수환경 면에서 사전검사와 사후검사 총점이 각각 17.03($SD=3.7$)과 26.13($SD=083$)으로 유의도 수준 .001에서 통계적으로 유의한 차이를 나타내었다. 이와 같은 분석결과를 통해서 학교차원의 긍정적 행동지원이 교수환경을 개선시킨 것을 알 수 있었다.

학습과 평가의 측면을 살펴보면 사전검사와 사후검사 총점이 각각 17.53($SD=3.62$)과 26.19($SD=0.98$)로 유의도 수준 .001에서 통계적으로 유의한 차이를 나타내었다. 이와 같은 분석결과를 통해서 학교차원의 긍정적 행동지원이 학습과 평가에 있어서 긍정적인 변화를 가지고 온 것을 알 수 있었다.

학교생활 전반에 걸친 태도와 학교의 문화에서 사전검사와 사후검사 총점이 각각 16.72($SD=3.63$)와 26.20($SD=0.88$)으로 유의도 수준 .001에서 통계적으로 유의미한 차이를 나타내었다. 이와 같은 분석결과를 통해서 학교차원의 긍정적 행동지원이 학생들의 태도와 문화에 긍정적인 영향을 미친 것을 알 수 있었다.

학교안전의 측면에서 사전검사와 사후검사 총점이 각각 17.03($SD=3.4$)과 25.59($SD=1.2$)로 유의도 수준 .001에서 통계적으로 유의미한 차이를 나타내었다. 이와 같은 분석결과를 통해서 학교차원의 긍정적 행동지원이 학교안전의 유의한 향상에 영향을 미친다는 것을 알 수 있었다.

2. 학교차원의 긍정적 행동지원에 참여한 세 아이의 변화

1) 믿음이 이야기

(1) 문제행동의 변화

<표 21>에 제시된 바와 같이 믿음이의 문제행동 발생을 보면 수업시간 내 교실에서는 4월 10회, 5월 5회, 6월 1회, 7월 1회 발생하였다. 월별의 변화를 보면 5월 50%, 6월 이후는 90%의 문제행동 발생의 감소를 나타냈다. 이동시간 복도에서는 4월 10회, 5월 2회, 6월 1회, 7월 1회의 문제행동이 발생하였다. 월별에 따른 변화는 5월에 80%, 6월 이후는 90%의 문제행동 감소를 나타냈다.

<표 21> 믿음이의 월별 문제행동 발생 빈도

월	수업시간				이동시간			
	소음 내기	교사지시 거부하기	옆 친구 방해하기	합	걷기 이외 행동	소음 내기	친구 몸 집적대기	합
4	4	3	3	10	4	4	2	10
5	2	1	2	5	1	1	0	2
6	0	0	1	1	0	0	1	1
7	0	0	1	1	1	0	0	1

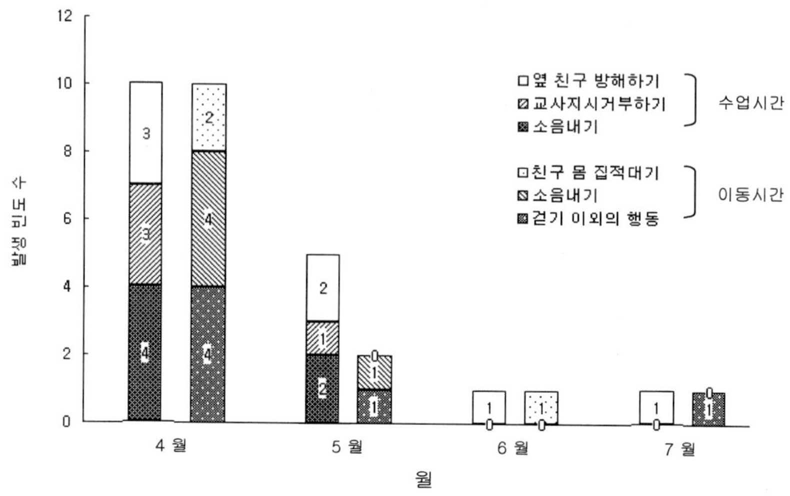

〈그림 5〉 믿음이의 월별 문제행동 발생수

믿음이의 수업시간과 이동시간에서 문제유형별의 변화는 〈표 21〉, 〈그림 5〉와 같다. 수업시간 교실에서 4월에 소음 내기 4회, 교사지시 거부하기 3회, 옆 친구 방해하기 3회로 나타났고 5월에는 소음 내기 2회, 교사지시 거부하기 1회, 옆 친구 방해하기 2회로 나타났다. 중재가 진행됨에 따른 월별 변화의 추이는 소음 내기 50%의 문제행동 발생 감소로 나타났고 교사지시 거부하기는 66.7%의 감소를 보였고 옆 친구 방해하기는 33.3%의 감소를 나타냈다. 6월에는 소음 내기와 교사지시 거부하기는 발생하지 않았고 옆 친구 방해하기는 1회 발생하였다. 월별 변화는 소음 내기와 교사지시 거부하기에서 100%와 66.7%의 감소를 나타냈다. 중재가 끝난 7월에도 6월 수준으로 문제행동의 감소는 안정적인 유지 상태를 나타냈다. 이동시간에 복도에서의 문제행동 발생을 살펴보면 4월 걷기 이외의 행동 4회, 소음 내기 4회, 친구 몸 집적대기는 2회 발생하였고 5월에는 걷기 이외의 행동 1회, 소음 내기 1회, 친구 몸 집적대기는 0회로 발생하지 않았다. 중재가 시작되기 전과 학교환경 개선과 전체적인 기본 프로그램이 중점으로 실시된 5월을 비교해 보았다. 걷기 이외의 행동 발생은 75% 감소하였고 소음 내기는 75%의 문제행동 감소를 나타냈고 친구 몸 직접대기는 100% 감소하였다. 6월에는 친구 몸 집적거리기에서 1회 발생하였고 걷기 이외의 행동이나 소음 내기 항목에서는 문제행동이 발생하지 않았다. 월별 변화의 추이를 보면 걷기 이외의 행동 75% 감소, 소음 내기 100% 감소, 친구 몸 집적대기 50% 발생으로 나타나 이동시간에서 복도에서의 문제행동 감소는 전체적으로 6월 수준을 유지하였다.

개별지원이 시작되면서 믿음이는 문제행동 대신에 교실에서 과제참여행동을 보여주었다. 담임교사는 믿음이에 대해서 "믿음이가 이런 것을 하다니 놀랐어요." "어린아이와 같은 행동은 없고 의젓해요" 등 다양한 반응을 보였다. 믿음이의 경우 중재 개시 첫 달에 교실에서보다 이동시간에 문제행동이 감소하였다. 수업시간에 과제를 수행하는 것보다 이동시간에 규칙수행을 하는 것을 더 쉽게 하였다. 6월에 접어들면서 수업시간과 이동시간의 문제행동 발생수는 차이가 없어지면서 학급의 일원으로 수용하는 면을 보여주었다. 몇몇 또래들은 믿음이에게 먼저 무밭 관리에 대해서 묻거나, 물을 함께 주러 가자고 청하는 등 상호작용을 시도하였다. 운동장에서 공차기를 하거나 다른 놀이에 참여하도록 권하기도 하였다. 담임교사는 "전체적으로 우리 반 애들이 순해졌어. 믿음이가 좀 얌전해져서 덜 부산하니까 애들도 그래. 서로 영향이 있겠지"라고 언급하였다. 믿음이의 행동이 다른 학생들에게 긍정적인 영향을 주는 것으로 관찰되었다.

(2) 삶의 질 변화

학교차원의 긍정적 행동지원은 믿음이의 삶의 질에 여러 가지 변화를 준 것으로 나타났다. 학교에서 부여된 역할을 완수하는 모습과 방과 후의 일반학생들과 어울리는 모습에 대해서 면담자들이 언급하였다. 믿음이는 중재 전 일반학급에서 대부분 수업에서 배제되고 엎드려 있거나 끊임없이 아이 같은 소리를 내면서 교실 안을 돌아다녔다. 가장 흔하게 사용하는 단어는 "못해" "싫어"란 말로 자신의 무능력을 나타내기도 하였다. 담임교사나 특수교사가 믿음이가 학교에서 적절한 생활을 하고 있다고 여기지 않았다. 장애를 가졌다는 것은 이미 일반학교와 그 학급 구성원으로 적합하지 않아 학급에는 도움이 되지 않는다고 하였다. 담임교사는 "그 애가 뭘 하겠어요 그저 조용히 문제 안 일으키고 있으면 감사지"라는 식으로 표현했다. 믿음이는 교실에서 대체로 잊힌 존재거나 가끔 교사나 친구들의 도움을 받는 수준에 있었다. 또한 담임교사는 자주 "우리와 그 애"라는 표현을 사용하여 교사와 학생 간에 상호작용의 부재를 전형적으로 나타냈다.

글쎄요. 교실에 그냥 있지요. 뭘 어울린다고 말하기 어렵네요. 보통 수업시간에는 특수반 가지 않을 때는 우리랑 다 있으니까 묻어서 사회성 키우는 것이고. 우리 반 애들이 특별히 잘 못해 주고 그런 것은 아니지만 특별히 잘 노는 것 같지는 않아. 애기처럼 굴어서 애들도 싫어하고…… 특수반에 가니까 거기서 애들이랑 어울리는 것이고(믿음이 담임교사, p.1).

가만히 있지 못하니까 매일 사고 치고 매일 벌 받고…… 기여하는 바를 만들어 가면 되겠지만 일단 일반교사들은 우리 애들이 기여도가 아마 없다고 생각할걸요. 역할이나 기여라는 것이 어떤 임무를 주고 그걸 해서 이익이 돌아가고 그래야 하는데 아예 그 시초를 주질 않으니까(특수교사, P.3).

학교와 가정은 믿음이가 가지고 있는 역량에 대해서 다르게 표현을 하였다. 어머니는 믿음이가 할 수 있는 부분에 대해서 이야기를 하였다. 담임교사는 일상적인 사건도 새롭게 인식하면서 놀라워하는 반응을 보였다.

정말 자기가 좋아하는 일이라면 옆에서 질문을 해도 모를 정도로 집중해서 하는 편이예요. 그냥 혼자 중얼거리면서 좋아하는데요. 화분에 물 주는 시간만큼은 아무도 애한테 말을 걸지 않아요…… 화분 가꾸기를 좋아해서 저희 집에 베란다 곳곳에 화분이 넘칠 정도로 가득해요(믿음이 어머니, P.6).

댄스 반에 가서 시범도 보인다던데. 개다리 춤 가끔 추지. 반에서도. 지난번 장기자랑도 하고 소풍 때. 제법 폼이 나. 그니까 애들이 새롭게 보지. 나도 저 애도 뭘 할 줄 아는 게 있어 그러고 봤다니까(믿음이 담임교사, p.2).

학교차원의 긍정적 행동지원이 실시되면서 믿음이는 점차 자신감이 늘어가는 모습을 나타냈다. "해보자" "나도 할래"란 말을 많이 사용하였다. 이러한 모습은 초기에는 볼 수 없는 것이었다. 주의집중 시간이나 수업에서 새로운 기술을 배우는 능력도 강화되는 모습을 보였다. 믿음이의 경우는 산만하고 끈기가 없어서 작은 과제를 수행하는 데 어려움이 있어서 수업시간에는 배제되었다. 원예실 관리를 맡으면서 학교활동의 전반에 걸쳐서 흥미를 보였다. 더운 날씨에도 원예실 무밭에 물 주는 일을 1시간에 걸쳐서 완수하는 등 자신이 맡은 바를 수행하려는 의지를 나타냈다. 이와 같은 양상은 수업시간이나 기타 생활 전반에 걸쳐 적극적이고 책임지려는 모습으로 나타났다.

> 요즘에는 못 하겠다는 소리를 덜 해요. 끝까지 시험지나 학습지 그런 것 1장을 하는 법이 없었지. 계속 싫다 못 한다 어렵다 뭐 이런 소리를 했는데 쉽다는 이야기도 하고. 지가 뭐 쉬워서 그러겠어요? 어쨌든 좋다는 거지요. 더 달라는 이야기도 하니까 좋아진 거죠. 특수반에서도 그렇고 지 반에서도 그렇고 덜 까분다고 하시는 것을 보면 저도 어떤 기대가 있겠죠(믿음이 어머니, 사후, P.5).

중재가 진행되면서 믿음이가 특수학급에 가는 모습에서 변화가 나타났다. 학기 초에 오전 1-2교시로 편성된 국어와 수학시간에는 특수반으로 가고 어려운 과목이 있으면 슬며시 학급을 떠나던 모습이 달라지는 것이 관찰되었다. 담임교사는 믿음이의 교실 이탈에 대해서 어차피 아무것도 하지 않으니까 신경 쓰지 않는다고 하였다. 반면 특수교사는 중재에 있어서 우선순위는 아니었지만 심각하게 생각했던 문제였다. 믿음이의 경우는 학교차원의 긍정적 행동지원에 참여한 후에 허락 없이 교실을 이탈하는 행동은 관찰되지 않았다. 6월부터는 담임교사와 특수교사의 합의로 수요일에는 특수반에 가지 않고 원적학급에서 활동하였다. 믿음이는 욕쟁이라는 별명이 붙어 있을 정도로 "씨팔" "좆나"와 같은 거친 언어를 자주 사용했다. 부절절한 언어는 스스로에게 "착한 애야"란 말로 대치하면서 감소하는 것으로 언급되었다. 믿음이는 학교생활에 흥미를 지니고 즐겁게 참여하는 모습을 보였다.

> 행복하지. 좋다는 표현도 제법 해요. 많이 웃고. 내가 혼내지 않으니까. 아 물론 하루아침에 된 것은 아니고 한 5월부터는 혼낼 일이 없더라고요…… 아버지가 강압적으로 윽박지르고 때리는 것도 줄었다고 하던데(믿음이 담임교사 p.5-6).

믿음이는 학기 초에 장애 학생을 위한 방과 후 공부방에 "애자만 있어"라고 말하면서 가지 않았다. 개별적 지원을 통해서 방과 후에 일반학생과의 공부방 경험과 여가 프로그램 참여로 재미와 즐거움도 지니게 되었다고 언급되었다. 방과 후 교사는 대부분 학생들이 **초등학교 학생이어서 학교에서 실시하는 보편적인 지원과 연계되었다고 하였다.

> 방과 후 교실에 오니까 일단 또래랑 어울릴 수 있는 기회가 많아요…… 처음에는 무서워했어요. 어쨌든 문제행동을 하면 무서워하기도

하고 싫다고 하기도 하고 그랬는데 이제는 아무렇지 않게 넘어가고 있어요. 우리 애들이 거의 ** 초등 다니거든요. 처음 왔을 때는 욕도 하고 그랬는데…… 싸움도 많이 했어요. 요즘엔 안 그래여. 한두 달 전부턴가 무지 좋아졌어요. 믿음이 무받도 애들이 다 알고. 점점 더 좋아져요(믿음이 방과 후 교실 교사, p.2−3).

요즘은 저랑 통화도 하고 또 제가 집에 잠깐씩 들러서 관리도 하고 방과 후에 공부방에도 재미를 들였고 수영도 하고 사람답게 살지 뭐(믿음이 어머니, 사후 p.4).

믿음이의 경우는 고집이 세고 아이 같은 면이 있어 학교와 가정에서 어려움이 있다고 보고되었다. 중재 후에 자신을 통제하고 조절하는 방법에 있어서 변화를 경험하고 일상화되어 가고 있다고 언급하였다.

삐치고 울고 그런 것 많이 줄었어요. 음, 전에는 매일 한 번 이상은 있지. 애기처럼 말하고 그랬던 것이랑 이제는 거의 일주일에 한두 번이나 할까? 내가 어른 됐다고 한다니까. 이젠 전처럼 막 욕하거나 그러지 않고 좀 생각을 해. "참견하지마" "싫어해" 이렇게 말하기도 하면서. 전 같으면 어림도 없지. 지 맘에 안 들고 그러면 화내고 그럴 텐데. 이번 학기 동안은 크게 사고도 안 치고(믿음이 담임교사, p.4).

믿음이의 어머니는 가족 스트레스에 대해서 언급하였다. 특별히 가족들이 편안해졌고 학생으로 인해 가족이 모이는 시간이 많아졌다고 하였다.

모든 것이 좋아졌어요. 제가 시간 쓰는 것도 그렇고…… 많은 일을 하는 데 규모가 있어졌다고나 할까? 지 할머니한테 부탁드리기도 하고…… 일이 많아졌지만 좋아지고 있어요. 정말 감사드려요. 담임선생님이랑도 친해졌고. 주일날도 예배 끝나고 산에 가요. 온 가족이 잠시 동네 산에 가는데 지 아빠랑 산에 손도 잡고 올라가고 그러니까 많이 좋아졌지. 거의 안 맞고. 지가 짜증을 덜 부리니까 욕도 거의 안 하고 그러니까 지 아빠도 감당이 되나봐. 한마디로 사람답게 살아요. 이제 (믿음이 어머니, p.5−6).

2) 소망이 이야기

(1) 문제행동 변화

소망이의 문제행동 변화는 <표 22>에 제시된 바와 같다. 월별 문제행동 발생을 보면 수업시간 내 교실에서는 4월 7회, 5월 5회, 6월 이후는 발생하지 않았다. 월별의 변화를 보면 5월 28.6%, 6월 이후는 100%의 문제행동 발생의 감소를 나타냈다. 이동시간 복도에서는 4월 11회, 5월 3회, 6월 1회, 7월 0회의 문제행동이 발생하였고 월별에 따른 변화는 5월에 72.8%, 6월은 91%의 문제행동 감소를 나타냈고 7월에는 100%의 감소를 보였다. 소망이는 6월 이후 교실과 복도에서의 문제행동 감소에서 높은 중재 효과를 보였다.

〈표 22〉 소망이의 월별 문제행동 발생 빈도

월	수업시간				이동시간			
	소음 내기	교사지시 거부하기	옆 친구 방해하기	합	걷기 이외 행동	소음 내기	친구 몸 집적대기	합
4	1	4	2	7	5	0	4	11
5	1	3	1	5	2	0	1	3
6	0	0	0	0	1	0	0	1
7	0	0	0	0	0	0	0	0

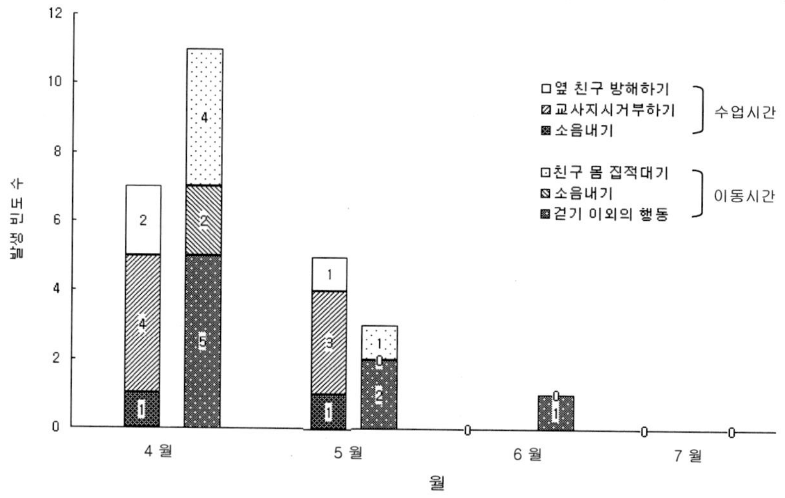

〈그림 6〉 소망이의 월별 문제행동 발생수

수업시간의 교실과 이동시간의 복도에서 문제유형별의 변화는 〈표 22〉과 〈그림 6〉과 같다. 수업시간 교실에서 나타난 문제행동은 4월에 소음 내기 1회, 교사지시 거부하기 4회, 옆 친구 방해하기 2

회로 나타났다. 5월에는 소음 내기 1회, 교사지시 거부하기 3회, 옆 친구 방해하기 1회로 나타났다. 중재가 진행됨에 따른 월별 변화의 추이는 소음 내기 문제행동에서는 변화를 나타내지 않았다. 교사지시 거부하기는 25%의 감소를 보였고 옆 친구 방해하기는 50%의 감소를 나타냈다. 6월부터 중재가 종료된 7월 이후의 관찰에서 문제행동이 발생하지 않아서 100%의 감소를 나타냈다. 특히 5월까지 25%의 감소를 보이던 교사의 지시 거부하기는 6월 이후부터는 100%의 감소를 나타내면서 학생의 적극적인 수업 참여가 나타났다.

이동시간에 복도에서의 문제행동 발생을 살펴보면 4월 걷기 이외의 행동 5회, 소음 내기 2회, 친구 몸 집적대기는 4회 발생하였고 5월에는 걷기 이외의 행동 0회, 소음 내기 0회, 친구 몸 집적대기는 1회로 나타났다. 중재가 시작되기 전과 학교환경 개선과 전체적인 기본 프로그램이 중점적으로 실시된 5월을 비교해 보았다. 걷기 이외의 행동 발생은 60% 감소하였고 소음 내기는 100%의 문제행동 감소를 나타냈고 친구 몸 집적대기는 75% 감소하였다. 6월에는 친구 몸 집적거리기가 1회 발생하였고, 걷기 이외의 행동이나 소음 내기 항목에서는 문제행동이 발생하지 않았다. 월별 변화의 추이를 보면 걷기 이외의 행동 100% 감소, 소음 내기 100% 감소, 친구 몸 집적대기 50% 발생으로 나타났다. 모든 중재가 종료된 후 7월에는 이동시간에 복도에서 일어나는 문제행동의 발생은 모든 항목에서 0회로 100% 감소하여 중재의 높은 효과를 나타냈다.

개별적 지원이 시작되면서 소망이는 문제행동 대신에 적극적인 수업 참여행동을 보이며 일반 학생과 크게 다르지 않은 양상을 나타냈다. 담임교사는 이에 대해서 "쉬는 시간이나 점심시간 그런 때 보면 소망이 옆에 애들이 붙어 있어요” “잘 놀고 나를 따르라 막 그런 태도도 보여요. 애들이 서로 이해하려고 하고 좀 신기해요”라고 말하였다. 보편적인 중재의 일환으로 실시된 토큰 체계를 적극 활용하는 모습이 보였다. 바람직한 행동에 대한 강화로 주어지는 토큰을 모아 컴퓨터실에 갈 수 있어서 문제행동 무발생과 관련하여 스스로 상황을 조절하였다. 소망이는 연구 기간 내내 평소 위기관리가 필요하다고 보고된 친구 때리기나 유리창이나 현관문 등 학교 기물 부수기 등의 공격성을 보이지 않았다. 또한 소망이의 선호활동인 종이 접기는 “소망이가 속한 조가 1등을 했는데 당연히 애들이 보는 눈이 달라졌어요.”라고 말한 담임교사의 표현을 빌지 않아도 점차 소망이가 글을 읽게 되면서 다양한 접기 활동으로 활성화되었다. 이것은 다른 학생들에게 모델이 되었다. 소망이의 반에는 종이 접기가 유행하였고 종이 접기를 잘하는 소망이가 자연스럽게 학급의 일원이 되는 모습을 나타냈다.

(2) 삶의 질 변화

소망이는 학교차원의 긍정적 행동지원에 참여한 개별사례 학생 중 주목할 만한 변화를 보였다. 아버지와 둘이서 살면서 살림을 하면서 학교에 다녔다. 학생의 말을 빌면 “특수학급 5년차” 학생이었다. 처음 만났을 때 “왜” “뭐 하자고?” “맘대로 하세요” “내가 특수학급 몇 년이나 다닌 줄 알아” “우리들을 애들이 뭐라고 하는 줄 알아? 애자요 애자! 이거 장애자란 말인데.” 이런 말을 하면서 연구자를 피하곤 하였다. 또 소망이는 특수학급 친구들을 “바보” “모자란들”

이라고 부르기도 하였다. 자신이 장애자이고 학급의 일반 학생들과 다르다는 확실한 인식을 가지고 있었다. "선생들은 다 똑같아. 가르치든지 말든지"라고 하면서 교사에 대해 부정적인 표현을 하였다. 소망이는 간단한 수식 계산도 할 수 있고 기타 수업활동에 소극적으로 참여하였다. 그러나 학급에서 소망이는 다르게 보였다. 옷을 더럽게 입고 다니고 냄새 나고 때로는 건들거리며 방관자의 모습으로 비춰졌다. "학급의 분위기를 깨는 아이" "꿈이 없는 아이"로 언급되거나 "이상한 애로" 취급을 받았다.

수업시간에는 거의 아무것도 안 해요. 그냥 가만히 있다고나 할까? 위축되어 있다고나 할까? 저도 괜히 뭐 시키지 않아요. 해서 답도 못하면 그렇고 주로 잘하는 것이 없는데 제가 아는 척하면 결국 아무것도 안 하는 것 애들한테 보여주는 꼴이 되고. 숙제도 안 내줘요. 튀지는 않지만 결국 우리 반을 무력하게 만들기는 해요(소망이 담임교사, p.6).

냄새도 나요. 목욕도 안 하는 것 같고 물어봐도 이야기도 안 하지만…… 만날 같은 옷 입고 와요. 거의 한 달씩 같은 옷 입고. 엄마도 없지 알코올 중독에 때리기까지 하는 아빠랑 사는데 뭐가 행복하겠어요(대상 학생 2의 담임교사, p.8).

그냥 특수반에 다니는 애 정도. 솔직히 다른 애들 가르치기도 정신이 없는데 선생님들이 무슨 관심이 있겠어요(소망이 담임교사 p.4).

꿈도 없어요. 일용직 노동하는 사람 될 것이라고 하고. 아무것도 되고 싶지 않다고 하고. 아버지처럼 살다가 죽을 것이라고 하고. 공부해서 뭐 하냐고도 하고 힘만 세면 된다고 하고 싸움에서 이기면 된다고도 해요. 걱정이 없는 것처럼 하지만 아마 기대나 희망 그런 것이 없는 것 같아요. 세상에 대해서(특수교사, p.4).

학교차원의 긍정적 행동지원이 실시되면서 소망이의 경우는 수업시간에 참여도가 높아지고 적극적으로 활동하였다. 특히 "해 봐! 이것도 못 해" "할 수 있어" "도와 달라고 해" "선생님이 해줄 거야" "이거 쉬워"란 말을 친구들이나 혼잣말로 많이 사용하였다. 초기에는 수업시간에 단지 조용히 앉아서 자리를 지키는 모습을 보였다. 학습도우미 봉사자의 지원으로 읽기와 쓰기에 있어서의 어려움이 감소되면서 담임교사에게 숙제를 요구하는 모습이 관찰되었다. 방과후에 특수교사에게 숙제를 도와달라고 하였다. 과제를 하지 못했을 경우는 아침자습 시간을 활용하는 모습이 나타났다. 소망이의 활동 결과가 게시되고 소망이는 6학년 들어가서 처음으로 개인 파일을 갖게 되었다. 소망이는 학교 들어와서 처음 갖게 된 것이라며 개인 파일을 자주 펼쳐 보고 관심을 보였다. 담임교사가 말하기를 소망이의 변화는 교사와 학급의 변화를 가져왔다고 했다.

우리 반에서 했던 그 아름다운 일일가게 있잖아요…… 우리 반에서 그것 하면서 꼭 소망이 좋았던 것이 아니라 다른 애들도 서로 필요한 것 나누어 갖고 서로 줄 수 있고 그러니까 자연스럽게 서로 받아들이기 쉽더라고요…… 애들이 지금도 이야기해요…… 그렇게 해서 작은 책상 생겼는데 그게 그 애 처음 거래요. 또 소망이뿐 아니라 우리 반 애들이 이제 헌 옷이나 헌 실내화 그런 것 빨아서 입고 신으면 된다고 생각하고 지들이나 소망이나 다 그러니까 소망이 입장에서 훨씬 편안해졌어요. 저도 대하기가 편하고 좋아요(소망이 담임교사, p.11-12).

학교 다니는 것은 재미있다고 해요. 처음으로 학교 가는 것 좋다고 도 하더라고요. 선생님들 다 좋다고 하고 친구들도 생겼다고 해요. 학 습의 경험이 없고 그래서 뭐든 새로운 것이면 일단 겁을 내는데 "잘 할 수 있어" 그런 말도 부쩍 많이 하고 "모르면 물어봐" "선생님이 도 와줘" 이런 말도 하고 그러면서 그래도 해요(소망이 학습도우미 교사, p.3-4).

쉬는 시간이나 점심시간 그런 때 보면 옆에 애들이 붙어 있어요. 종이 접기 하느라고. 그것 가르쳐주면서 "잘 봐, 이것도 못 하냐?" 막 이런 말도 하더라니까. 또 청소검사나 숙제검사 그런 것 소망이 역할 이니까 암만해도 애들이랑 관계가 있게 되고…… 이상한 애가 꼬질한 애가 이제 진짜 우리 반 애(소망이 담임교사, p.2).

소망이의 역량 확대는 학교 외에서도 나타난 것으로 언급되었다.

공부에 대해서 자신감이 붙었고 의욕이 생겼다고 생각합니다. 처음 에 저랑 만났을 때는 완전히 배 째라는 식이었고 툭하면 "맘대로 하 세요. 하라고 하면 할 테니까" "내가 특수반을 6년 다녔어. 알아? 근 데도 난 글씨도 몰라" 제 이름 막 부르고 "관둬" "열 받지?" "때려봐" 막 이러면서 진짜 열 받게 하고 그랬는데 귀찮다 그런 식었는데 점점 그거 없어지고…… 지금은 저한테 형이라고도 하고 선생님이라고 하 고…… 제가 보기에는 생활 자세나 태도 이런 것이 변했어요(소망이 학습도우미 교사, P.1).

소망이의 경우는 중재가 진행되면서 6월 이후는 월, 화, 목, 금 4회 1교시나 2교시 중 1시간만 특수학급에서 수업을 하게 되었다. 수요일과 토요일은 일반학급에서 수업을 하였다. 일반학급에 통합된 시간이 80% 이상으로 늘면서 소망이, 담임교사와 특수교사는 일반중학교 진학에 대한 희망을 나타냈다.

전체적으로 이번 연구에 참여한 학생의 경우는 반에서 있는 시간이 좀 늘었다고 봐야 해요. 소망이는 더욱 그렇지만 점차 여기 오는 시간을 줄여가고 있어요. 이건 본인들 의사도 그렇지만 일단 담임이 반에서 문제행동이 줄면서 한번 데리고 있어 보겠다고 하는 거잖아. 향후 2학기에는 더 그래 볼 생각이에요. 소망이가 점점 일반중학교에 가기를 바라니까요. 특수학급 없는. 아마 소망이는 가능할 것도 같아요. 공부로는 문제가 있지만 다른 행동들이 크게 문제가 없다면 그것도 가능하죠(특수교사, p.2).

아직까지는 교실에서 문제가 거의 없어요. 애들도 서로 이해하려고 하고 좀 신기하기도 하고. 어느 날 소망이가 그냥 우리 반이 되었다고 하는 게 맞는 것 같아요(소망이 담임교사, p.5).

소망이 담임교사나 학습도우미 교사는 소망이의 변화가 학생에 대해서 가지고 있던 스트레스 수준을 줄였고 학생에 대해 편안해졌다는 말을 하였다.

건강은 보건선생님께서 봐 주시고 모자도 벗고 다니고 작년에 제가 준 옷 그거 입고 온 날 저 감격해서 울었어요. 1년도 더 지나서 입고

왔으니 이제 저랑 뭔가 통하는 것 같고…… 구청 사회복지사랑 연결
되었으니 좀 나아질 테고…… 애를 바라보는 제 맘이 많이 편해요.
교육적으로도 그렇고……(소망이 담임교사, p.8-9).

　　선생님 핸드폰 빌려서 문자도 보내보고 싶다고 하고 같이 공부하자
고도 하고 토요일마다 복지관에서 하는 여가 프로그램 있잖아요. 전
자원봉사자라고 해도 이런 경험은 처음이라서 소망이가 체계적으로
도움을 받고 있단 생각이 들어요. 또 전 무슨 행사 구경할 생각도 안
해봤는데 소망이가 애들한테 들은 것 말해서 그 덕에 구경도 했어요.
정말 좋아했어요. 어디 갔다 오면 지가 이제 써요. 뭐 했는지 간단하
게라도(소망이 학습도우미 교사, p.3-4).

소망이는 학교차원의 긍정적인 행동지원에 참가한 후에 소감을 말
하면서 "왜 이걸 이제야 해주는데?"라고 말했다. 할 수 있는 것이
많아져서 기분이 좋지만 화도 나고 때려주고 싶다고 말하면서도 웃
으면서 "선생님 사랑해요 고맙습니다!"라고 말했다.

3) 사랑이 이야기

(1) 문제행동 변화

사랑이의 문제행동 발생 빈도를 살펴보면 <표 23>과 같다. 수업시
간 내 교실에서는 4월 5회, 5월 4회, 6월 1회, 7월 1회 발생하였다.
월별의 변화를 보면 5월 20%, 6월 60% 7월에는 80%의 문제행동

발생의 감소를 나타냈다. 이동시간 복도에서는 4월 15회, 5월 6회, 6월 1회, 7월 1회 발생하였고 월별에 따른 변화는 5월에 64.7%, 6월은 94.1%의 문제행동 발생 감소를 나타냈고 7월에는 94.1%로 문제행동 감소에 있어서 6월 수준을 유지하였다.

〈표 23〉 사랑이의 월별 문제행동 발생 빈도

월	수업시간				이동시간			
	소음 내기	교사지시 거부하기	옆 친구 방해하기	합	걷기 이외 행동	소음 내기	친구 몸 집적대기	합
4	2	3	2	7	4	5	6	15
5	1	1	2	4	1	1	4	6
6	1	0	1	2	0	0	1	1
7	1	0	0	1	1	1	0	1

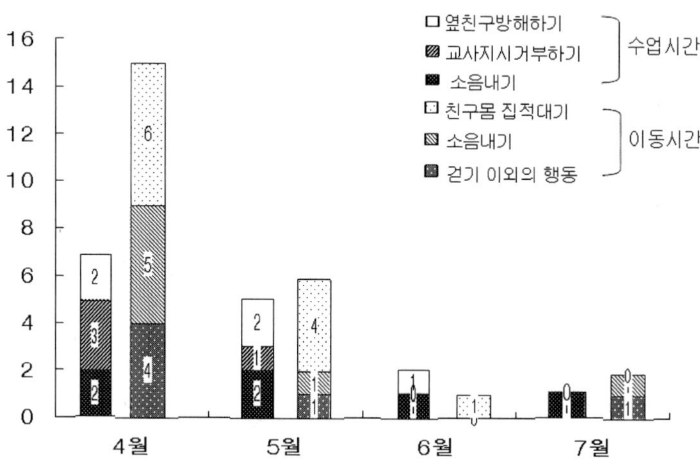

〈그림 7〉 사랑이의 월별 문제행동 발생수

　수업시간에 교실과 이동시간에 복도에서 나타난 문제유형별의 변화는 <표 23>, <그림 7>과 같다. 수업시간 교실에서 나타난 문제행동은 4월에 소음 내기 2회, 교사지시 거부하기 3회, 옆 친구 방해하기 2회로 나타났다. 5월에는 소음 내기 1회, 교사지시 거부하기 1회, 옆 친구 방해하기 2회로 나타나서 중재가 진행됨에 따른 월별 변화의 추이는 소음 내기 문제행동에 50% 감소변화를 나타냈고 교사지시 거부하기는 66.7%의 감소를 보였고, 옆 친구 방해하기는 문제행동 감소를 보이지 않았다. 6월의 수업시간 관찰에서 항목별 문제행동은 소음 내기와 옆 친구 방해하기 각 1회 발생하여 각 50%의 감소를 나타냈다. 7월의 수업관찰에서는 소음 내기 50%의 발생과 교사지시 거부하기와 옆 친구 방해하기는 0회 발생하여 소음 내기는 50%, 교사지시 거부하기는 100%, 옆 친구 방해하기는 100%의 감소를 나타냈다.

　이동시간에 복도에서의 문제행동 발생을 살펴보면 4월 걷기 이외의 행동 4회, 소음 내기 5회, 친구 몸 집적대기는 6회 발생하였고 5월에는 걷기 이외의 행동 1회, 소음 내기 1회, 친구 몸 집적대기는 4회로 나타났다. 중재가 시작되기 전과 학교환경 개선과 전체적인 기본 프로그램이 중점으로 실시된 5월을 비교해 보면 걷기 이외의 행동 발생은 75% 감소하였고 소음 내기는 80%의 문제행동 감소를 나타냈고 친구 몸 직접대기는 33.3% 감소하였다. 6월에는 친구 몸 집적거리기에서 1회 발생하였고 걷기 이외의 행동이나 소음 내기 항목에서는 문제행동이 발생하지 않았다. 월별 변화의 추이를 보면 걷기 이외의 행동과 소음 내기 100% 감소, 친구 몸 집적대기 83.3%의 감소를 나타났다. 모든 중재가 종료된 후 7월에는 이동시간에 복도에서 일어나는 문제행동의 발생은 6월 수준을 유지하였다.

개별적 지원이 시작되면서 사랑이의 경우는 문제행동 대신에 과제참여행동과 상냥한 말투, 적절한 호의 보내기 행동을 보여주었다. 담임교사는 "사랑이도 무조건 우기고 그런 것이 없어져서 애들이랑 잘 놀아요. 4월까지만 해도 공기 만날 혼자하거나 그랬는데. 이제 팀을 짜서 해요. 잘하고 그런 것을 떠나서 애들이랑 같이 놀아요. 애들이 끼워주고."라고 하였다. 특수교사도 "실제적으로 애들이랑 어울리는 기회가 늘었어요.", "양보도 하고 애들 뭐 챙겨도 주고 문구류도 빌려주고 그래요. 별것도 아닌 것 같은데 영향을 주더라고요."라고 사랑이의 변화에 대해서 언급하였다. 또한 연구 기간 내내 위기관리계획이 필요하다고 보고된 도벽과 거짓말하기는 보이지 않았다 학교에서 교사나 친구들의 지갑을 훔치고 거짓말을 하는 상습적인 문제행동은 매학기에 1-2회 발생하던 문제행동으로 담임교사와 특수교사가 주의 깊게 살피던 문제행동이었다.

(2) 삶의 질 변화

학교차원의 긍정적 행동지원이 시작되기 전에 사랑이와 학급의 학생들 그리고 교사의 관계란 거리감이 있고 피하고 싶은 관계로 보였다. 사랑이는 타인에 의해서 한곳에 배치된 것으로 단지 교실에 머무는 학생으로 인식되었다. 사랑이는 "반에 그냥 있지. 아니면 죽음…… 애들도 나 싫어해. 선생님 싫어."라고 하였다.

일단은 우리 반 애들이 사랑이를 거의 아마 무시할 거예요…… 난 그 애를 우리 반이라고 생각 안 해. 그렇다고 안 불쌍하다는 것은 아니에요. 또 하루 종일 특수반에 가 있어야 한다 그런 것도 아니고 오해하지 마세요. 다만 여기서 6학년쯤 되면 나 바보다 그것 확실히 알고 졸업하는 거란 거지. 뭐 가만히 앉아 있고 애들이랑 얼굴 보고 그런 것은 하지만(사랑이 담임교사, p.4).

내가 뭘 거의 안 시키니까 잘 모르겠고…… 저번에 학기 초에 특수반 선생님이 심부름이라도 시켜달라고 해서 시킨 적이 있었는데 앤 우리 반인지 남의 반인지 개념이 없고 우리 반이긴 하지만 특수반에 다닌다고 하는 편이 낫겠어요(사랑이 담임교사, P.6).

학교차원의 긍정적 행동지원의 실행이 이루어지면서 사랑이는 학교에 가는 것을 즐거워하고 기꺼이 교실의 일원이 되는 것을 즐기는 것처럼 보였다. 연휴라든지 집에 일이 있어서 학교에 오지 못하면 반 친구들과 그에 대해서 이야기하는 모습도 보였다. 뿐만 아니라 교사와의 상호작용에서도 일방적인 변화가 아닌 서로 돕고 친밀감이나 애정이 형성되는 등 쌍방적인 변화가 언급되었다. 개별지원에서 직접적으로 다루지 않은 여러 가지 문제행동들도 감소되는 모습이 나타났다.

사랑이도 전처럼 무조건 우기고 그런 것이 없어져서…… 결정적으로 전에는 공깃돌 가지고 진짜 많이 싸웠는데 이제 애들이랑 잘 해요. 4월까지만 해도 공기를 만날 혼자 하거나 그랬거든요. 이젠 팀 짜서 해요. 한 다섯 명(사랑이 담임교사, p.1).

제법 양보할 줄도 알고 애들이 이야기하는 것도 들으려고 하고 그러니까 참여자의 역할을 할 수 있지요. 전에는 구성원으로 무리가 있었으니까. 심부름도 잘하고…… 청소 같은 것도 은근히 빼고 그랬는데 이제는 그런 것 없어요. 식판 정리 같은 것 지가 애들 해주고 그래요. 우리 반 식사당번 하니까 그런 역할이 주어진 뒤로는 보다 더 스스럼없이 적극적으로 참여한다고 봐야지요…… 이런 애가 열심히 하자 들면 또 그러더라고요…… 그만큼 상황에 대해서 생각하는 게 좀 된다는 거예요. 아닌 것 같으면 태도를 바꿀 줄 알아요(사랑이 담임교사, p.2-3).

확실히 덜 일러요. 내가 참견을 하든 말든 괜히 나한테 와서 하루에 적어도 5회 이상 일렀거든요. 내가 진짜 그것 싫었는데 요즘은 글쎄 일주일에 1-2회. 엄청 줄었어요. 그만큼 지가 생각해도 애들이랑 트러블이 없다는 것 아니겠어요? 실제적으로. 전에는 툭하면 관둔다는 말도 많이 했는데 이젠 언제부턴가 그 소리 내가 거의 못 들어 봤어요. 애가 예뻐졌어요. 의외로 귀엽더라고요. 내가 원래 좀 차가워서 우리 반 애들도 다 나 무서워하는데 요새 사랑이는 나 안 무섭대(사랑이 담임교사, p.3).

선생님들도 기대가 생기니까 이제 좋아질 거예요. 좋아질 수 있을 거다 이렇게 많이들 믿으세요(특수교사, p.6).

내가 사랑이 처음으로 꼭 안아줬는데 우리 집 애나 다를 것이 없더라고요. 가면서 "내일 올게요" 그러는데 이래 선생 하는구나 싶기도 하고 뭐 공부를 잘하게 되었다든지 그런 것은 아니지만, 이제 우리 반에서 사고만 치는 그런 존재란 생각은 안 하게 되었어요(사랑이 담임교사 p.10).

학교차원의 긍정적 행동지원의 경험은 사랑이의 정서적 안녕과 여러 가지 문제행동에 직접적인 영향을 주거나 혹은 가정에 간접적인 영향을 주기도 한 것으로 나타났다. 중재 전에는 어머니와의 불완전한 애착 관계의 문제가 자주 언급이 되었는데 학교차원의 긍정적 행동지원에 실시되면서 점차 긍정적이고 안정적인 모습으로 언급되었다.

집에서 엄마랑 관계가 좋으면 학교에서도 좋아 보여요. 주말이 있거나 그러면 월요일에 좀 문제행동이 심하고 주말이 되면 집에 갈 때도 그렇긴 한데……(특수교사, p10).

엄마랑 만나거나 그러진 않았는데 내가 알림장에 칭찬이나 그런 것 많이 써 보내고 애도 달라지고 그러면서 저도 엄마에 대해서 좀 편하게 이야기해요. 아주 과장되게 좋다거나 싫다거나 그랬는데 그냥 그런 소리 안 해요. 걔 엄마도 관심이 생기는 것 같고(사랑이 담임교사, p.5-6).

또한 사랑이는 정신과 상담을 받으면서 학교에서도 달라지는 모습을 나타냈다. 중재 전 사랑이는 화장실에 특수반 학생인 자신의 또래 여학생을 데리고 들어가곤 하여서 담임교사, 특수교사, 보건교사의 지속적인 관리를 받았었다. 중재가 진행되면서 화장실에 혼자 가는 모습이 관찰되었다. 친구와 같이 화장실에 들어가는 것이 나쁘다고 말하곤 하였다.

아마, 자신이 경험한 문제를 완전히 이해하거나 노출시키지는 못해도 자신이 어떤 행동을 하면 남들이 싫어한다든지 어떤 행동을 해야 선생님이나 친구들이 수용한다는 것은 인식하게 되었지요(사랑이의 지역사회 지원자: 정신과 의사, p.2).

사랑이의 사례에서 담임교사의 변화는 학교차원의 긍정적 행동지원이 대상자뿐 아니라 주변인을 변화시킨다는 것을 극명하게 보여주었다. 처음 학교차원의 긍정적인 행동지원을 실시하고자 했을 때 사랑이의 담임교사는 업무에 부담이 되는 일을 하기도 어렵고 20, 30년간 교육현장에서 쭉 지도해 오던 일인데도 변화가 없었다며 회의적으로 말하기도 하였다.

우리가 수십 년간 문제 있는 애들을 뽑아서 그렇게 개인적으로 지도를 했는데도 이 모양이야. 그 애들은 안 되는 정말 스트레스 받게 만드는 애들이라니까(사랑이 담임교사, p.1).

애가 확 달라졌어. 내가 걔 싫다고 했던 것 부끄럽고 나도 좋아졌어요. 엄마랑 만나거나 그러진 않았는데 반응이 있어요. 또 엄마에 대해서도 좀 편하게 이야기해요. 쉽진 않아도 되더라고요. 난 안 믿었어. 근데 아니야. 애들도 변하고 나도 변하고. 내가 엄마 같아서 좋다고도 하더라고요(사랑이 담임교사, p.6).

제 5 장 논의 및 제언

1. 논 의

1) 전체 학생의 문제행동과 학교 분위기에 미치는 영향과 관련된 논의

학교차원의 긍정적 행동지원을 받은 전체 학생은 문제행동에 있어서 감소를 나타냈고 월별 변화를 통해서 볼 때 전체 학생들은 지속적으로 문제행동 없이 학교활동에 관여하는 효과를 나타냈다. 이러한 결과는 학교차원의 긍정적 행동지원이 전체 학생들의 문제행동 지도에 있어서 효과적이라는 선행연구의 결과와 일치하는 것이다(김미선, 박지연, 2005; Kamps et al., 1999; Kartub et al., 2000; Lewis, Sugai, & Colvin, 1998; Lewis et al., 2002; McCurdy, Mannella, & Eldridge, 2003; Netzel & Eber, 2003; Scott, 2001; Scott & Barrett, 2004; Taylor-Green & Kartub, 2000; Turnbull et al,, 2002; Warren et al., 2003).

(1) 전체 학생의 문제행동에 미치는 논의

중재가 실시되기 전, 참여 학교 학생들은 교사들이 교실과 복도에서 원활한 학생지도가 이루어지기 어렵다고 할 정도의 학교규칙 위반행동을 보였다. 그러나 학교 전체를 대상으로 한 보편적인 중재 후에 그 발생 빈도가 의미 있게 감소하였다. 본 연구는 먼저 전체 학생에 대한 보편적인 기대행동을 분명히 하고 학교와 학급의 운영에 부정적인 영향을 미칠 수 있는 학교환경을 전체적으로 수정 정비한 후에 직접적인 교수활동을 통해서 정해진 원칙에 따라서 학교 전체 학생을 강화하고 재지도할 때 학교의 문제행동이 효과적으로 감소되고 예방된다는 선행연구들의 결과를 확인해 주었다. 학교 전체 학생들의 문제행동이 효과적으로 감소된 주된 이유는 다음과 같이 해석될 수 있다.

첫째, 본 연구에서는 심각한 문제행동을 가지고 있는 장애 학생을 포함하여 전체 학생들에게 학교차원의 긍정적 행동지원이 실시되었다. 최근의 연구에서는 학교규칙 위반행동의 증대를 감소시키는 효과적인 전략으로서 학교차원의 긍정적 행동지원이 제안되고 있다 (Hoagwood, 2000; Mayer, 1995; Nelson, 2000; Walker, Colvin, & Ramsey, 1995; Walker et al., 1999). 이는 학교차원의 긍정적 행동지원이 개별적인 차원의 중재뿐 아니라 학교의 변화를 이끄는 예방차원의 중재로서 생활 가운데서 이루어지는 자연스러운 성과와 가치를 지닌다는 것을 의미한다.

본 연구에서 중재들은 문제행동들을 완전히 제거하지는 못했지만 전체적인 수준을 현저히 감소시켰다(Horner et al., 2001; Sugai & Horner, 1999; Turnbull et al., 2002). 문제행동을 지닌 장애 학생을 위해서는 개인적인 평가와 개별적인 지원이 필요하였다(Mayer, 1995). 이러한 결과는 학교 전체 학생들은 보편적인 지원으로서 대부분의 문제행동을 예방하고 감소시킬 수 있으며, 그중 소수는 특별히 구안

된 개별적인 지원이 필요하여 연속선상에서 문제행동의 지원의 강도와 범위를 확대(Sugai et al., 2000)하는 학교차원의 긍정적 행동지원이 일반학교 현장에서도 필요하다는 선행연구의 결과(Horner et al., 2004; Sugai, et al., 2000; Taylor-Greene et al., 1997)와 일치하는 것이다.

또한 본 연구의 결과는 학교와 임상시설(clinic settings)에서 평균의 인지능력을 가지고 있는 학생들에 대한 문제행동 지원의 결과를 지지한다(Broussard & Northup, 1995; Cooper et al., 1990; Cooper et al., 1992; Dunlap & Kern 1996; Dunlap et al., 1993; Repp, 1999). 장애 학생을 포함하는 전체 학생의 문제행동을 감소시키고 여기서 생산되는 시간의 효과성을 활용 가능하게 한다는 선행연구의 결과(Lewis et al., 2002; Scott & Barrett, 2004)를 지지한다.

결과적으로, 장애 학생에 대한 문제행동 중재로 긍정적 행동지원은 개별적 차원에서 시작하여 학교 전체를 대상으로 실시하여 문제행동의 발생을 감소시키고 학교 분위기와 문화를 개혁시키는 차원으로 변화되고 있다는 것을 감안하면, 증가하는 학교폭력과 체벌 그리고 집단 따돌림, 흡연 등의 학생 관리 차원에서 심각한 문제를 안고 있는 국내 일반 교육현장에 미칠 수 있는 대안으로 그 의의가 있다. 이제 특수교육에서 시작된 긍정적 행동지원의 가치를 이끌어 긍정적인 학교문화 창출에 기여할 수 있는 구체적인 노력들이 있어야 한다.

둘째, 본 연구에서 실시된 학교차원의 긍정적 행동지원은 인위적인 상황이 아닌 교사와 학생이 일상적으로 생활하는 학교의 교실과 복도 환경에서 매일의 일과 중에 이루어졌다. 긍정적 행동지원이 점차 학교를 중심으로 한 생태적인 맥락(Carol, et al., 2001; Clarke, et al., 2002; Colvin, & Fernandez, 2000; Eber, Nelson, & Miles, 1997; Hawken, & Horner, 2003)에서 이루어져야 효과적이라는 선행연구의 결과와 맥을 같이한다.

본 연구에서는 집단의 문제행동에 대해서 교실에서만 중재를 한 것이 아니라 한꺼번에 많은 사람이 이동하고 각각의 상황으로 흩어지는 전이활동시간(Kartub et al., 2000; Lewis, Sugai, & Colvin, 1998; McCurdy, Mannella, & Eldridge, 2003; Scott, 2001)에 대해서 함께 중재를 실시하였다는 데 실제적인 의미가 있다. 학교에서의 수업이 단지 교실에서만 이루어지는 것은 아니다. 학교 학생들의 문제행동이 교실과 더불어서 이동하는 시간에 많이 발생한다. 이동시간에서 예방적인 효과를 갖게 된다면 다양한 환경에서의 예방적인 지원의 효과를 갖게 되는 것이다. 국내에서 이동식 수업이 도입되면서 학생들을 효율적으로 지도하고 관리하는 것이 중요하게 되었다. 그러나 현실적으로 국내의 초등학교에서는 이동시간에 대한 효과적인 지도가 전무한 실정이다. 이러한 점을 감안하면 이동시간의 중재의 효과는 학생들이 학교 전체 환경에서 학교규칙 수행활동에 더 빈번하게 참여할 수 있게 되었다는 것으로 해석할 수 있다.

셋째, 본 연구에 참여한 학교의 경우 학교차원의 긍정적 행동지원의 시작은 학교 전체의 기능평가의 일환으로 학생들이 생활하는 생태적인 맥락을 점검하는 것이었다. 그에 따라 학교 전체 환경과 교실 환경 그리고 복도 환경을 개선하여 학생들에게 문제행동을 유발할 수 있는 환경적 사건을 점검하였다. 이는 학교차원의 긍정적 행동지원을 계획할 때도 기능평가를 통한 교수환경에 대한 고려(Gable et al., 1998; Kennedy, 2001)가 우선임을 지지한다. 학교 내의 전체적인 학생그룹의 이동이나 학교의 물리적 환경 혹은 건물구조에 대한 관심과 그들의 이동 패턴 등에 주의를 기울이는 것은 학교차원의 긍정적 행동지원의 효과적인 실시를 위해서 중요하다. 많은 학교들이 부적절한 건물이나 교실배치 혹은 부적절한 환경요인을 지니고 있기에 주의가 필요하다(Nelson, 1996; Nelson & Colvin, 1996).

특히 참여 학교의 경우는 학생들에게 영향을 미치는 교사 환경을 포함하여 물리적인 환경 개선에 중점을 둔 중재 개시 한 달 후의 학생들의 학교규칙 위반행동 발생 빈도는 50% 이상 감소하였다. 다른 중재들이 투입되면서 안정세를 보였다. 국내의 교육현장에서 학교는 문제행동이나 학교규칙에 관해서만 집중할 수 없는 것이 현실이다. 학교에서의 많은 규칙 위반 행동들이 어떤 장소에서나 일어날 수 있는 문제라는 점에서 잘 관찰하고 학교 내 학생들의 움직임과 운동패턴에 영향을 주는 물리적인 요인에 주의(McCurdy, Mannella, & Eldridge, 2003)를 기울여 학교환경의 개선만으로도 다소의 예방적 성과를 거둘 수 있다는 것을 나타내는 연구의 결과는 교육 프로그램에 따른 효과성과 투자비용 효율성을 중요시하는 학교관리자와 교사 모두에게 새로운 관점을 제시해 줄 수 있는 방안이 될 수 있다. 이러한 학교차원의 긍정적 행동지원의 성과는 아직 문제행동 중재에 대한 가치가 일치되지 않고 있는 국내 상황에 대비하여 시사하는 바가 크다.

이와 같은 중재의 효과는 점차적인 변화를 보인 기존의 연구들과는 다소 다른 양상을 나타냈다. 결과에 대해서 한 가지 이상의 해석이 가능하다. 잘 기능화된 학교차원의 긍정적 행동지원은 학교체제의 효율성과 유효성을 개선한다(Sugai et al., 2000)는 점에 주목할 수 있다. 본 연구를 통해 나타난 것처럼 학교의 상황을 적절하게 파악한 기능평가를 통해서 집중적인 환경 점검이 실시되는 학교차원의 긍정적 행동지원은 자연스러우면서도 급속하게 진행되는 반응을 이끌어내게 된다고 해석할 수 있다. 본 연구에서는 일선 초등학교에서 대부분 실시되고 있는 교사회의시간을 학생들이 학교에 있는 일과시간 내에서는 배제하였다. 교사는 학생들이 학교에 있는 동안은 항상 학생들과 함께하고 학생들은 교사들의 관리하에 있을 수 있도록 체제개선을 하였다. 다른 해석을 더하자면 국내의 학교문화를 반영하는 것으로 이해될 수 있다. 본 연구의 결과는 학교차원의 원칙이 정해지고, 학교장 이하 다수의 교사가 지지한다면, 전체 교사가 하나의 체제 아래서 고군분투하는 국내의 교육적 현실과 무관하지 않다는 것이다. 따라서 본 연구 결과의 해석에 있어서는 조심스러운 주의를 요한다. 학교차원의 긍정적 행동지원에 있어서 학교환경의 개선이 문제행동을 예방하는 데 선행되어야 하는 효과적인 방법이다. 하지만 앞으로 더욱 조절된 실험적, 사실적 연구계획이 필요하며 그러한 상황에서 확정적인 결론을 내려야 한다는 것을 시사한다.

넷째, 본 연구에서는 보편적인 차원의 지원을 위하여 다양한 중재전략을 사용하였다. 이는 대부분의 연구들이 중다요소 중재(Lewis et al., 2002; Netzel & Eber, 2003; Scott & Barrett, 2004; Turnbull et al., 2002; Warren et al., 2003)를 통하여 그 효과를 보고하는 것과 같은 맥락이다.

본 연구에서의 주안점은 보편적인 중재 프로그램에 사용된 중재의 내용이 기존의 학교와 학급에서 일반적으로 사용되는 교수전략들을 체계화하여 교사가 새롭게 들여야 하는 노력의 부담을 최소화(Todd, et al., 2002)하였다는 것이다. 또한 학생들이 기대행동을 수행하기 위해 기울여야 하는 수고와 그에 수반되는 결과 간에 균형을 맞추었다. 학생들이 기대행동을 충분히 이해한 상태에서 일상적으로 실행할 수 있도록 가능한 학생들이 들이는 노력에 대한 부담을 최소화하였다. 그 노력에 비하여 학생들이 스스로 선택할 수 있는 매력적인 강화제의 제공이 강력한 유인요소로 작용한 것도 문제행동 감소에 기여하였다.

국내 교육 현실에서 일선 학교장과 교사들이 행동지도를 포함하여 학생들의 다양한 교육 프로그램의 실행을 위해서 많은 수고와 시간을 들인다는 것은 좀처럼 쉽지 않은 일이다. 또한 외현적인 행동을 나타내는 학생들이 포함된 다인수 학급에서 학생들의 지도 관리에서 가장 필요한 것은 교수학습에 관여하게 될 단순하면서도 효율적인 기술이다. 왜냐하면 외현적인 행동을 나타내기 좋아하는 학생들은 교실행동 관리에 기술이 부족한 교사나 새로운 교사들을 제압하려는 경향이 있기 때문이다(McCurdy, Mannella, & Eldridge, 2003). 학교의 행동지원팀의 교사들은 효과적인 행동관리 전략과 기술을 가지고 있는 것이 중요하다. 교사들의 효율적인 관리체제와 함께 이를 이행해야 하는 학생들은 학교나 교사가 새로운 것을 요구하는 것이 아니라 학생들의 일상에서 쉽게 적용할 수 있을 때 전반적인 학교규율의 이행이 쉽다. 이러한 이유로 중재의 효과가 배가되었다고 추론할 수 있다.

학교차원의 문제행동에 효과적으로 대처하기 위해서는 많은 구조와 지원이 필요하다(Bridges, 1991). 이것은 단순히 학교나 학급이 무엇을 해야 한다는 것이 아니라 시스템 내에서 실행할 수 있는 실제적인 예를 준비해야 한다(Sadler, 2000)는 것을 의미한다. 본 연구의 경우, 학교차원의 긍정적 행동지원이 학교장 이하 학교관리자와 관련 교사와 학생들이 문제인식 및 개선의 의지를 보인 것에서 시작되었다(Eber, 1996; Nelson, 2000). 교사회의시간과 형태의 변경이나 전자결제의 도입과 결제라인의 단순화를 비롯하여 "**초등다움"이라는 대전제 아래 "교사다움" "학생다움"이라는 공동의 비전을 이루기 위해 노력했기에 의미 있는 중재 효과가 나타났다고 할 수 있다. 행동지원의 효과를 증진하기 위해서는 시스템의 변화가 있어야 한다는 것을 지지한다(Scheuermann & Hall, 2008; Scott & Nelson, 2003).

(2) 학교 분위기에 미치는 영향에 대한 논의

학교차원의 긍정적 행동지원이 학생에 대한 관리상 훈육지도의 발생수를 감소시킨 것은 문제행동 지도의 결과가 훈육 의뢰 수를 감소시킨다는 기존의 선행연구 결과(McCurdy, Mannella, & Eldridge, 2003; Netzel & Eber, 2003; Scott & Barrett, 2004; Turnbull et al., 2002; Warren et al., 2003)와 일치하는 것이다.

본 연구에서는 학교차원의 긍정적 행동지원의 실행에 있어서 교사와 학생들 간에 충분한 대화와 규칙에 대한 숙지 그리고 학교환경에 대한 검토와 구조 개선이 선행되었다. 이와 같은 작업이 선행된 이유는 학교의 과제는 모든 교사들이 가르칠 수 있고 모든 학생들이 배울 수 있어서 역동적이고 충분한 의사소통(Carr, 2000; Carr et al.,

1994)을 할 수 있는 안전하고 긍정적인 환경을 유지하고 수립하는 것에 있기 때문이었다. 이러한 활동은 결과적으로 문제행동으로 인한 학생 관리 훈육지도수를 줄이게 되었다. 학생들의 경우 배경사건과 선행사건이 조절되어 문제행동 발생 빈도수가 줄어들었다. 교사들의 입장에서는 학생들을 관리하게 되는 훈육지도수가 줄게 되었다.

또한 학생들은 교육과정의 일부로서 기대들, 안전관리, 그리고 일상의 학교생활에 적절하고 다양한 관리방법들에 대해서 분명히 배우므로 학교 내 교실과 복도에서 발생하는 학생들의 공통된 문제행동을 차단할 수 있었다. 학교차원의 긍정적 행동지원을 통해서 전체학생들에게 합법적이고 가치 있는 행동기대와 규칙을 수립하고 제시하는 데 있어서 모든 교직원이 함께 일하였다. 일련의 과정과 결과들은 학생들의 문화에도 변화를 주어 학교에 새로운 긍정적인 문화를 만들어내는 데 기여하였다.

훈육지도수의 감소가 의미하는 결과는 학교 분위기 검사의 결과와도 일치하였다. 자료를 통해서 살펴보면 매달 보고된 관리상 훈육지도수는 감소되었고 긍정적인 분위기와 문화의 창출로 대체됨을 시사한다. 이는 학교체제의 변화는 문제행동으로 인해 징계위원회에 회부되는 비율의 감소를 보이는 연구들을(Lewis, Sugai, & Colvin, 1998; Tayer-Green et al., 1997) 지지하는 결과이다.

둘째, 본 연구에서는 학교차원의 긍정적 행동지원의 실시로 학교 분위기 검사에서 사전 사후 유의한 차이를 보이며 긍정적인 변화를 가져왔다. 학교차원의 긍정적 행동지원의 결과로 학교의 모든 성인이 긍정적 접근으로 변화하였고 학생에게 적절한 행동을 교수하고 강화하는 것의 가치를 인정하는 등 사전 예방적이고 긍정적인 학교문화로 발전했다는 선행연구 결과를 지지한다(Taylor-Green & Kartub, 2000).

본 연구에서 주목되는 점은 학교차원의 긍정적 행동지원이 학교의 분위기의 실제를 변화시켰다는 것이다. 학교차원의 긍정적 행동지원의 결과는 학생 간의 관계, 교수환경, 학습·평가, 태도·문화, 안전의식 영역 전반에 걸쳐서 의미 있는 변화들이다. 학생들은 학교의 주인으로서의 의식을 가지게 되었고 교사들이 학생들을 위해서 노력하는 것을 인정하게 되었다. 학생과 교사 간에는 서로 돕고 존중되는 관계로 받아들이게 되었고 학생들은 학교를 중요하게 여기게 되었다. 그들의 행동이나 활동 결과에 따르는 보상이 적절하다고 생각하였다. 학생들 스스로가 학교의 공동체의 일원이고 공동의 목표를 향해서 나아간다는 의식의 변화를 나타냈으며 거친 언어들이 사라지고 학교에 머무는 것에 대한 편안함과 안정감을 나타냈다. 이는 학교차원의 긍정적 행동지원이 단순히 특정 문제행동을 예방하는 차원에 머무는 것이 아니라 학교 전체에 작용하여 학교와 그 근간을 이루는 교사와 학생에게 그들 삶의 가운데서 보다 질적인 변화를 가지고 왔다는 것을 의미한다.

학교 분위기 검사를 실시한 본 연구는 학교차원의 긍정적 행동지원을 통해서 훈육 의뢰 수가 감소(Tayer-Green et al., 1997; Lewis, Sugai, & Colvin, 1998)되었고 분위기를 개선했다는 이전의 연구 결과(Taylor-Green & Kartub, 2000)에 실증적인 자료를 제공한 것이다. 이것은 Sugai 등(2000)이 미래 조사들에는 교무실 훈육자료의 유용성에 대한 동시적인 방법으로 사용될 수 있는 다른 형태의 자료 수집을 제안한 바에 비추어 진일보한 것으로 가치가 있다. 이러한 작업은 기존의 목표 중재 개발의 필요성(Colvin, Kameenui, & Sugai, 1993; Taylor-Greene et al., 1997; Tobin & Sugai, 1999a, 1999b; Tobin, Sugai, & Colvin, 1996)에서 대두된 학급관리상 의뢰 수에서 실제적으로 개선된 학교문화의 결과(Sugai et al., 2000)를 알아볼 수 있게 하는 하나의 대안으로 고려될 수 있다는 점에 의미가 있다.

셋째, 본 연구에서 나타난 학교 분위기의 변화는 학교 전체의 헌신(Hawken & Horner, 2003)에 기인한다고 할 수 있다. 학교차원의 긍정적 행동지원을 실행하는 전제는 학교의 변화이다(Bridges, 1991). 즉 본 연구에서는 학교 교직원과 교사들이 높은 성실도를 가지고 모든 과정에 임하였다. 학교의 모든 직원들은 일관적인 지도를 실시하였다. 그로 인해서 교실과 복도에서의 교수적 지원이 극대화되었다. 이는 교수실시에 대한 혼란이나 실망감을 최소화시켜 주었다. 학생들에게는 갈등 상황에 대한 해결책과 존중의 기대를 갖게 하였다.

더불어서 학교관리자의 지원에 대해서도 주목하여야 한다. 본 연구에 참여한 학교의 학교장은 교수 인력 지원, 학교 분위기 쇄신, 프로그램 구성요소들을 가시화하며 가치 있게 만드는 역할을 책임졌다. 학년부장과 특수교사는 프로그램의 실행을 위해서 다양한 지원과 훈련 모델을 제공하였다. 이러한 학교 전체의 헌신은 결과적으로 예방적인 측면에서 사회-정서적인 능력을 강화(Frey, Hirschstein, & Guzzo, 2000)하게 되었다. 이것이 학교의 긍정적인 분위기와 새로운 문화의 창출에 영향을 주었다. 정성적인 자료를 통해서 보더라도 교직원들은 학생행동의 변화뿐만 아니라 학교의 새로운 문화 창출에 있어서 프로그램 전체에 대한 만족도를 나타냈다는 것이 이 연구가 지니는 의의라 하겠다.

2) 개별 학생과 관련된 논의

개별적인 지원의 결과 학생의 문제행동이 감소하였고 또한 개인의 삶 가운데서의 질적인 변화를 가져왔다. 이러한 결과는 학교에서뿐 아니라 가정과 연계하여 문제행동의 감소와 재발생이 감소(Singer et al., 2002)된다는 기존의 연구 결과를 지지한다.

(1) 문제행동

본 연구에 참여한 개별 학생들은 중재가 실시되기 이전에는 학교 전체 활동의 참여를 방해하는 문제행동으로 본인들은 물론 급우들과 교사에게도 상당한 어려움을 야기하였다. 학교차원의 보편적인 중재가 시작되면서 개별적인 지원이 실시되자 문제행동이 급격히 감소하였다. 이것은 문제행동에 대한 기능평가를 실시하여 환경과 문제행동의 발생·비발생의 관계를 분석하여 긍정적 행동지원을 실시함으로써 문제행동을 제거하거나 효과적으로 감소시킨 선행연구들의 결과에서도 동일하게 나타난 결과이다(Carr et al., 2002; Kennedy et al., 2001; Smith & Hefin, 2001; Sugai et al., 2000; Turnbull et al., 2002; Warren et al., 2003). 개별 학생의 문제행동이 효과적으로 감소된 이유는 다음과 같이 해석될 수 있다.

첫째, 본 연구는 개별 학생들에 대한 면담, 관찰과 필요한 학생에게 기능분석을 통해서 그 학생이 지닌 문제행동에 대한 고유한 기능을 분석하고 객관적으로 평가하였기 때문이다. 기능평가에 근거한 행동지원계획과 중재는 긍정적 행동지원을 실시하는 데 있어서 기초적인 접근이다. 성공적인 행동 중재를 위해서는 문제행동을 신뢰롭게 예견하고 유지하는 사건들을 판별해야 한다(Carr et al., 1994; Horner, 1994; O'Neill et al., 1997; Repp, 1994; Sugai, Lewis-Palmer, & Hanan-Burke, 1999-2000; Turnbull et al., 2002). 대부분의 학교에서 문제를 보이고 있는 장애 학생에게 많은 영향을 미치는 환경에 대한 기능평가가 중요하다. 학생의 문제를 다루는 데 있어서 교사들이 사용하는 전통적인 중재가 이와 같은 다양한 환경요인을 고려하지 않아서(Scott & Nelson, 1999) 결과적으로 실패를 가져왔다. 이를 극복하기 위해서는 특정 배경사건, 환경적 사건, 직접적인 선행사건 촉발요인, 학생의 학습방식과 어울리지 않는 특정한 교수방법 등이 포함되어야 한다.

본 연구에서 개별 학생들의 문제행동 기능은 믿음이의 경우는 회피, 소망이의 경우는 관심, 사랑이의 경우는 요구임이 밝혀졌다. 이러한 문제행동이 나타나는 이유는 개별적인 지원의 참여 학생들은 수년 동안 학급에서 특별한 과제 없이 단순히 교실 뒷자리에 앉아 있어야 했다. 누적된 수업상황에서 자신들의 의사를 다양한 학교 상황에 맞게 체계적이고 명확하게 전달하는 방법을 알지 못했다. 담임교사를 비롯해서 수업상황에 함께 임하는 대부분의 교사들은 어떤 방법으로 학생에게 접근해야 하는지를 모르는 상태였다. 개별 학생들과 교사들 간에 적정한 의사소통이 이루어질 수 없었다. 따라서 본 연구에서는 이러한 기능평가를 토대로 적절한 개별 수준의 긍정적 행동지원을 학교 상황에서 학교관리자를 비롯해서 각 학급의 교사와 급우들이 함께 실시하였다.

단순히 맨 뒤에 배치되어 있던 학생들을 각각 학급의 특성과 학생의 특성을 고려하여 담임교사를 비롯한 교사들이 손쉽게 학생들에게 적절한 반응을 할 수 있도록 하였다. 이동시간에도 교사의 옆에서 이동하거나 또래 지원을 통해서 즉각적인 도움을 받을 수 있도록 하였다. 특수교사의 지원을 받아 수업시간에 해야 할 적절한 과제 제시를 통한 선행사건 중재, 기능을 제대로 표현할 수 있는 대체행동 지도, 학습도우미 지원, 선호하는 활동의 기회 주기 등의 결과 중재를 실시하였다. 문제행동의 동일한 기능의 바람직한 행동으로 대체하게 함으로써 문제행동이 감소되는 결과를 낳았다. 결과적으로 기능평가를 통한 긍정적 행동지원이 대상 학생들의 문제행동을 감소시키는 데 효과적이었으며, 이는 선행연구의 결과들을 지지한다(김미선, 박지연, 2005; 고동희, 이소현, 2003; Kennedy et al., 2001, Smith & Heflin, 2001; Turnbull et al., 2002).

둘째, 문제행동의 감소 원인은 문제행동의 기능에 대한 평가와 함께 긍정적 행동지원의 중요한 요소 중 하나인 중다요소 중재(Koegel et al., 1996)에서 찾을 수 있다. 이는 문제행동의 의도가 다양하게 작용할 수 있고 문제행동이 발생된 상황적 맥락이 다양하기 때문이다. 본 연구에서는 환경변화를 포함한 예방전략, 다양한 반응전략, 또래 지원망 활용과 기술교수 등을 통하여 배경사건·선행사건 수정, 대체행동 교수와 결과중재를 적용하는 등 다양한 요소의 중재를 제공한 것이 긍정적인 효과를 가져왔다.

중다요소 접근은 문제행동의 다양한 경유를 포함하는 학교와 학급 상황에서 자연스럽게 일어나고 있는 경험들을 반영하는 것이 타당하다(Gottfredson, 2005). 문제행동 지원에 있어서 다양한 중재요소로 문제행동 발생률을 감소시킨 선행연구를 지지한다(Anhalt et al, 1998; Carr et al., 2003; Kamps et al., 1999; Kamps et al., 2000; Kennedy et al., 2001; Kemp & Carr; 1995; McLaughin & Carr, 2005; Smith & Heflin, 2001; Turnbull et al., 2002; Umbreit, 1995).

셋째, 본 연구에서는 기능평가를 통해서 밝혀진 각 개별 학생의 독특한 요구와 특성에 따라서 학교 내에서의 개별적인 지원을 넘어서는 필요와 염려들이 발생하였다. 믿음이는 방과 후의 구조화의 문제, 소망이는 가정환경과 연관되어 정서적인 결핍과 학습 향상을 위한 지원적인 방안과 사랑이의 경우는 과거 경험의 역기능을 우선 지원할 의료·심리적인 지원들이 학교와 연계된 여러 환경(Turnbull et al., 2002)에서 실시되었다.

자료를 통해서 분석해 보면 학생들은 문제행동의 감소에서 월별로 점차 안정되어 가면서 행동상의 문제에 있어서는 일반학생과 크게 구별되지 않는 결과에까지 이르는 것을 알 수 있다. 이와 같은 결과는 학교차원의 긍정적 행동지원에 있어서 개별적 지원을 실시할 때, 각 지원들이 각각의 소그룹(학교수준, 학급관리, 식당이나 복도 운동장과 같은 비학급환경들, 개별적 차원) 내에서 어떻게 관련이 지어지는지를 고려해야 한다(Sugai et al., 2000)는 것을 확인할 수 있었다. 또한 문제행동에 있어서 학생들의 상황적인 요인이나 배경사건에 유의해야 한다는 McLaughin와 Carr(2005)의 주장을 지지한다.

(2) 삶의 질

긍정적 행동지원은 문제행동의 감소와 더불어서 삶의 양식을 변화시키는 데 목적(박지연, 2003; Clarke, et al., 2002)이 있다. 이는 문제행동뿐 아니라 사회적 관계에 있어서 참여의 정도, 생산성, 애정, 개인의 만족도와 같은 것들이 실제적인 어려움에 불구하고도 측정되어야 한다(Carr et al., 2002; Risley, 1996; Turnbull & Ruef, 1997). 학교차원의 긍정적 행동지원은 본 연구에 참가한 개별차원의 지원 대상 학생들의 개별 삶의 질을 향상시켰다. 이러한 결과는 학교차원의 긍정적 행동지원을 통해서 개인의 생활방식에 대한 만족과 다른 가족 구성원들의 삶의 질에도 중대한 영향을 미친다는 선행연구들(Clarke et al., 2002; Hawken & Horner, 2003; Kincaid, et al., 2002; Magito-McLaughlin et al., 2002; Murray, Clarke, & Worcester, 2002; Turnbull, et al., 2002)의 결과를 지지한다. 삶의 질 변화는 아래와 같은 이유에서 설명될 수 있다.

첫째, 본 연구에 참여한 학생들의 경우 학교차원의 긍정적 행동지원에 참여하면서 그들의 문제행동이 감소하고, 수업 참여의 기회가 많아지게 되고, 학교에서의 새로운 역할이 부여되었다. 그 결과는 자연스럽게 교사와 또래들과의 사회적 상호작용이 늘어나게 되는 부가적인 결과를 가지고 왔다. 상호작용은 장애 학생들에게 또 다른 정서적인 지원의 역할을 하게 되고 이것은 다시 일반학생들에게 영향을 주면서 결정적인 도움을 얻게 되었다. 개별 학생들은 중재 대상이 아닌 여러 가지 문제행동을 가지고 있었다. 학교차원의 긍정적 행동지원에 참여하면서 다른 문제행동들의 감소와 함께 학교생활 전반과 학교 밖에서의 활동 참여도가 높아졌다. 이러한 결과는 문제행동에 대한 배경사건으로서의 친밀감(Mclaughlin & Carr, 2005)에 주목한 것 때문으로 이해된다.

둘째, 본 연구에 참여한 개별 학생들에게는 초기 기능평가를 통해서 학생 본인, 담당교사, 부모로부터 그들의 관심과 우려사항이 조사되었다. 학교에서의 개별적인 지원 외에 전면적인 통합-접근(wraparound approach)은 요구되지 않았다. 학생별로 다른 환경에 대한 개별적인 지원의 필요성이 나타났고 각자에게 맞도록 잘 구성된 개별적 지원이 실시되었다.

민음이의 경우는 부모의 상업에 대한 종사로 인해서 학생이 방과 후에 방치되는 것에 대한 구조화 프로그램이 제공되었다. 소망이의 경우에는 학생 가정환경과 학업환경에 대한 지원으로 학습과 가정생활, 급식지원이 동시에 제공되었다. 사랑이의 경우에는 학생의 과거 부적절한 경험으로 인한 정서적인 역기능의 문제가 우려되어 문제행동과 정신건강을 위한 전문의의 상담지원이 제공되었다. 학생들의 삶의 질 변화는 학교차원의 긍정적 행동지원을 통해 실제적인 필요와 관심사가 고려되어 그들이 나타낸 문제의 이면까지 고려한 폭넓고 보다 깊이 있는 지원이 실시되었기 때문이다. 이는 학생의 독특한 요구에 학교뿐 아니라 학교 외의 여러 환경에서의 지원(Turnbull et al., 2002)이 동시에 실시될 때 학생 삶의 질적인 변화를 가지고 올 수 있다는 것을 의미한다.

셋째, 본 연구에서는 개별 학생들의 외향적인 문제와 관계된 다양한 정서 / 행동적인 요구 즉 내현적인 문제에 관심을 두었다. 인간중심의 중재를 계획한 것이 그들의 일상에서 "진짜" 삶의 질적인 변화로 이어졌다. 소망이는 어렸을 때 어머니가 가출을 하였고 4학년까지 고모와 살았다. 그 후에 알코올 중독에 폭력을 행사하는 아버지와 살아온 경험을 지니고 있었다. 소망이는 어른과 상호 작용하는 것을 거부하였고 폭력적이었다. 자신을 쓸모없는 공부도 원래 못하는 아이로 생각하고 행동했다. 사랑이의 경우도 과거 부적절한 경험에 대한 상담지원이 없이 6학년이 되었다. 어른이나 다른 친구들에게 지나친 관심을 받고자 하였다. 화장실에 친구들을 데리고 가거나 인형놀이를 하면서 공격성을 표하는 등 여러 가지 행동으로 나타났다.

학생들이 지니는 내현적인 문제는 학교상황에서 즉각적으로 발견되기는 어렵지만 외향적인 문제와 연관이 있었다. 소망이는 겉으로 드러나는 문제와 함께 위축 / 학습된 무기력을 가지고 있었다. 학습을 도와주는 대학생 형이 생기고 가정 살림을 살펴주는 학급 어머니들의 지원을 받으면서 달라졌다. 불안이나 우울을 보인 사랑이는 정신과 상담을 받으면서 이전과 다른 모습을 보였다.

본 연구에서는 학교와 그 외 모든 관계자가 일차적으로 민감하게 반응한 것은 개별 학생들과 교사를 비롯한 지원자들 간의 보다 직접적이고 인간적인 만남이나 배려 차원이었다. 문제행동의 감소에 효과적이라는 연구의 결과와 긍정적 행동지원의 기초가 인간중심(Kennedy et al., 2001)을 바탕으로 "돕고자 하는 따뜻한 마음"에서

출발하여야 한다는 것(Janny & Snell, 2000)을 확인하게 하였다. 학생들의 발달적이고 동기적인 면에 주목한다면 예방적인 차원(Kamps et al., 2000; Nelson, Martellan, & Marchand-Martella, 2002; Frey, Hirschstein, & Guzzo, 2000; Tobin & Sprague, 2000)에서 학교 전체가 장애 학생을 포함하여 모든 학생들의 삶의 질을 향상시키는 데 기여하는 노력의 출발점이 될 것이다.

넷째, 본 연구에서 개별 학생들의 삶의 질적인 변화에 기여한 것은 본 연구 참여자들의 협력에 기인한다. 학교차원의 긍정적 행동지원은 교사 혼자가 아닌 팀으로서 이루어 낼 수 있다(Crone & Horner, 2003; Janney & Snell, 2000; Wheeler & Richey; 2005). 협력은 학교차원의 긍정적 행동지원에 있어서 필수 요소이다. 높은 수준의 팀 협력이 이루어질 때 잠재적으로 명백하게 긍정적인 지원의 효과를 얻을 수 있다(Wheeler & Richey, 2005). 본 연구에서는 학교장 이하 학교관리자 그리고 참여 가능한 부모, 개별 학생, 담임교사, 특수교사, 보건교사, 학교 영양사, 학습도우미 교사(자원봉사자), 방과 후 지역사회 공부방 교사, 정신과 전문의, 연구자 등이 함께 희망을 나누면서 상호간에 직·간접적인 협력으로 어우러져 의미 있는 결과를 나타냈다.

3) 연구에 대한 소고

본 연구는 학교차원의 긍정적 행동지원을 한 초등학교에서 실시하였으며 그중 문제행동을 지닌 3명의 장애 학생에게 초점을 맞춘 사례연구이다. 이상적으로는 중재를 받는 학교들과 받지 않는 학교들을 무선 표집하여 학교차원의 긍정적 행동지원의 효과를 평가하는 것이 적합하나 이러한 연구는 현 연구에 비해서 현실적으로 실행하기 어려운 점이 많다. 그런 실험과정에서는 중재 절차와 중재의 뚜렷한 특징들이 여러 학교에 반복되면서도 특별하게 적용되어야 한다.

본 연구는 긍정적 행동지원을 학교차원으로 실시하여 학교의 일반적인 문제행동뿐 아니라 개별 장애 학생들의 문제행동을 감소시켰으며 그 결과는 학교의 문화에 긍정적인 영향을 미치면서 극대화되었다. 장애 여부에 관계없이 모든 학생들은 문제행동을 보이며 학교에서 이에 대한 "예방"은 행동지원에서 중요하다. 특히, 전체 학교 학생들을 대상으로 학교의 주요 환경인 학급과 복도에서의 일반적인 문제를 중재하는 동시에 장애 학생들의 문제행동을 자연스럽게 지원함으로써 여러 가지 긍정적인 점을 얻을 수 있었다. 즉 담임교사를 비롯하여 학생들과 관계하는 모든 학교관계자들은 전체 학생을 배제하지 않으면서 대상 학생에게 접근할 수 있어서 관계되는 교사들의 지원의 효과성이 높아졌다. 궁극적으로는 학교의 분위기가 변화하였으며 개별 지원 대상 학생은 문제 학생으로 구별되어 별도의 지원을 받는 데에 대한 실제적인 어려움이나 정서적인 부담감을 덜 수 있었다. 학생과 교사 간, 학생과 학생 간의 긍정적인 상호작용을 할 수 있는 가능성을 열어주면서 학교가 지니는 이점을 발휘하게 되었다는 데 의미가 있다.

개별 장애 학생들을 지원하는 데 있어서는 학교에서의 노력과 문제행동에 관계하여 그들이 학교생활에 충실하기 위해서 시급하게 필요로 하는 지원이 무엇인가를 살펴보았다. 각자에게 적합한 지원을 시도함으로써 그들 삶의 전반적 영역에서 질적인 변화를 가져오게 되었다. 긍정적 행동지원을 다루는 연구자들의 관심과 주제는 삶의 질적인 면이다. 행동지원 노력들과 관련해서 삶의 질을 세밀하게 측정하는 방법은 없지만 적어도 삶의 질에 대한 통합적인 측정으로 어떤 조합들을 만들어 내는 것은 가능하다. 본 연구의 사례분석 결과로 나타난 상호의존적인 관계, 개인적인 발전, 사회적 통합으로서의 인식변화, 정서적 안녕, 자기 결정과 비전, 가족의 변화와 같은 주제(theme)들은 삶의 질에 대한 개념을 나타낸 기존의 연구자들의 모든 기준을 나타낼 수 없었지만 이와 같은 자료들은 의미 있는 근사치(Goode, 1994; Schalock et al., 1989; Clarke, et al., 2002)를 보여주고 있다. 이러한 점에서 본 연구는 그동안 양적(Clarke et al., 2002)으로 분석된 삶의 질에 대해서 질적인 자료를 통해서 지원 학생들의 입장에 서서 개념적이고 실제적인 일들의 종합을 시도했다는 점에서 의미를 찾을 수 있다.

이처럼 학교차원의 긍정적 행동지원은 앞으로 교육현장에서 적극 활용될 수 있을 것으로 기대된다. 또한 본 연구에서 주목된 점은, 학생들의 문제행동이 줄고 질적인 변화와 더불어서 수업 참여가 높아지면서 연구가 시작되기 이전의 한 학기 동안 2-3회 나타났던 심각한 위기행동이 연구 기간 동안에는 한 번도 나타나지 않은 것이다. 이 위기행동은 소망이와 사랑이의 학교생활 가운데 매년 보고 행동이었다. 이와 같은 결과는 학교차원의 긍정적 행동지원이 전체 학생의 문제행동뿐 아니라 문제행동을 지닌 장애 학생의 다양한 문제행동에 대해서도 예방의 효과를 지닌다는 것으로 해석된다. 동시에 학교차원의 긍정적 행동지원이 통합학급에서 전략적으로 사용될 수 있는 방법이며 확산될 수 있는 가치가 있다고 본다.

학교차원의 긍정적 행동지원의 전 과정에 있어서 공동의 협력적인 접근이 필요하다. 또한 협력적인 접근이 있다고 해도 중재활동들이 모든 학교에 똑같이 적용될 수 없다(Carol et al., 2001). 학교차원의 긍정적 행동지원과 관련된 연구들이 대부분 외국에서 이루어졌고 국내에서는 매우 소수의 실행이 이루어졌을 뿐이다. 본 연구를 실시함에 있어서 학교차원의 긍정적 행동지원의 실행에 따르는 수고에 대해서 관련자들에게 이해시키기 위한 많은 노력이 필요하였다. 이러한 실정을 감안하면 본 연구의 경우처럼 한 학교 내에 지원을 집중해서 그 학교 내에서 어떻게 효과를 얻어냈는가와 각 사례들에서 학생의 상황을 고려한 개별적인 지원의 유형을 배워서 다른 지역과 다른 학교에 그 중재를 반복하고 응용하여 재현하면서 배워가는 것이 더 적절하다(Biglan, Ary, & Wagenaar, 1998). 또한 연구를 통해서 얻은 것은 각 개인이 필요로 하는 중재들로 계획되어야 한다는 것과 이러한 중재들이 미처 예측하지 못할 행동을 일으킬 수 있는 학교 전체 학생 모두에게는 개별적으로 준비되지 못한다고 해도 본 연구의 방법론들은 학생들에게 그들이 해야 할 행동을 어떻게 계획해야 할지 그리고 어떻게 학생들이 행동에 대한 목표를 이루어갔는지에 대한 예를 보여주었다는 데 의미가 있다.

 ## 2. 연구의 제한점

첫째, 본 연구의 경우, 연구 참여 학교가 1개 교로 실시되었다. 지역에 따라서 혹은 학교·학급별에 따라서 다양한 문제행동의 유형과 다양하면서도 동시에 독특한 사회·문화적 배경을 지닌 일반 초등학교 전체에 일반화하여 해석하는 데 무리가 있다. 따라서 문제행동을 보이는 학생을 위한 개별적인 지원을 제공함과 동시에 그 학생이 속한 학교 전체에 대한 행동지원을 보다 다양한 성격을 지닌 많은 학교개체군에 적용함으로써 예방에 초점을 두는 연구가 필요하다.

둘째, 본 연구의 경우 비록 선행연구자들이 검증한 방법으로 문제행동을 감소시킬 수 있었지만 전체 학생의 문제행동(학교규칙 위반 행동)을 감소시키기 위한 중재의 실제적인 장기효과들에 대해서는 알 수 없었다. 선행연구들의 경우 학교차원의 긍정적 행동지원을 실시한 대부분의 연구들이 연차적으로 실시되었다. 본 연구의 경우는 연구 참여 학교의 사정상 한 학기 이상 실시할 수 없었다.

셋째, 학교차원의 긍정적 행동지원은 학교에 여러 종류의 중재활동들의 실행을 가지고 왔다. 특별히 본 연구 대상 학교의 경우, 학생들의 기대행동을 정의하고 교수하기, 교직원들의 학생에 대한 칭찬과 강화, 사회적 기술교수, 학교의 교수활동을 개선하고 지원하기 위한 학교환경의 개선과 학교체제의 변화, 긍정적 행동지원에 참여한 모든 이들의 협력, 개별 학생을 위한 여러 환경에서의 지원 등이 포함되었다. 이번 연구에서 이러한 중재 활동들 각각에 대한 독립적인 효과들을 관찰하기는 어려웠다. 더욱이 연구에 참여한 학교는 학교차원의 긍정적 행동지원을 위해서 최대한 협조를 하였고 연구자는 지속적인 모니터링을 통해서 이들을 지원하였지만 많은 업무들이 연구자의 조절하에 있지는 않았다. 본 연구의 중재와 결과들이 가능한 기능적인 관계를 나타내지만 결정적인 자료라고 주장하기에는 무리가 있다.

넷째, 본 연구에서는 문제행동을 지닌 학생들에 대해서 사례연구를 실시하였다. 믿음이, 소망이, 사랑이는 학교생활 전반에서 여러 가지 긍정적인 변화를 나타냈다. 그러나 사례연구는 문제점이나 인과관계, 주제와 동일한 것이 아니다. 이번 연구를 통해서 각각의 특별한 사례에 대해서 정확하지만 제한적일 수밖에 없는 이해를 추구하였지만 변인들 간에 기능적인 인과관계를 밝혀낼 수는 없었다.

 ## 3. 제 언

본 연구의 의의와 제한점을 근거로 앞으로의 추후 연구를 위하여 다음과 같이 제언하고자 한다.

첫째, 본 연구의 가장 큰 목적 중에 하나는 문제행동과 관련하여 학교차원의 긍정적 행동지원의 매개변수 가운데서 한국적 학교수준에 적합한 절차들의 유효성을 만들어 내는 것이었다. 본 연구의 응용적인 성격이 주어지지 않았다면 자연적인 학교상황에서는 일상적인 노력으로 조절되지 않은 상태로 남았을 것이다. 최근 강조되고 있는 학교폭력 추방이나 기본 질서 지키기와 같이 시도교육청에서 총체적으로 지원되고 있는 학교원칙은 기대행동이 분명한 가운데 계획적이고 일관적으로 행해질 수 있기에 앞으로 국내 교육현장에 적합하게 적용될 수 있도록 다른 학교환경에서 적용되는 검증적인 연구가 필요하다.

둘째, 본 연구에서 주목되는 결과는 이미 보고된 것과는 다른 학교차원의 변화에 보다 성공적인 양상이라고 할 수 있다. 그것은 학생들의 인식, 행동, 태도들에 영향을 주는 일차적이고 직접적인 것에 초점을 둔 것이 아니라 학교의 사회적 환경변화에 우선 관심을 두었기 때문이다(Carol et al., 2001; Gottfredson, Gottfredson, & Skroban,

1998; Mclaughlin & Carr, 2005). 인간의 행동은 그들의 환경에 지속적인 패턴에 의해서 형성되고 유지되기 때문에 매일의 환경에서 자연스럽게 촉진되고 강화될 수 있도록 사회환경을 고려하는 것은 행동의 보다 본질적이며 지속적인 변화를 유지하는 데 장점이 있다. 따라서 이러한 접근이 유용하다. 특히 국내의 학교환경은 학생의 편의보다는 학교의 편의를 고려하여 운영되고, 학교운영활동이 학생들의 문화를 반영하지 않고 즉각적이고 획일적인 변화를 추구하는 식으로 진행되는 경우가 많다. 이러한 접근은 학생들의 행동이 변화된다고 해도 지속적인 면에서 유지되기 어렵다. 따라서 미래 연구에서는 문제행동과 학교환경의 변화에 관계하는 연구도 의의가 있을 것이다.

셋째, 학생들 전체의 문제행동은 학교의 분위기에 관계하며, 개별 학생들의 문제행동은 개인의 삶의 질을 저하시키고 다른 사람들을 위험에 처하게 한다(Koegel, Koegel, & Dunlap, 1996). 최근의 연구는 생물학적 요인(Carr et al., 2003)이나 사회적 요인으로서의 배경사건(Carr et al., 1994; Demchak & Bossert, 1996; Favell, Realon, & Sutton, 1996; Green & Reid, 1996; Kemp & Carr, 1995)에 주목하면서 관계의 질(Carr et al., 1994)이 문제행동과 관계가 있다는 것을 주장한다. 본 연구에서는 학교의 교수환경을 조직화하고 체계적으로 개선하면서 교사들이 학생들과 보다 더 친밀한 관계로 변화되었고, 개별 학생들은 그들의 배경사건에 주목하여 여러 환경에 걸친 지원을 제공받으면서 문제행동이 감소되고 삶의 질적인 부분이 개선된 것이 나타났다. 이러한 결과로 볼 때 미래 연구에서는 학생들이 지니는 발달사를 포함한 다양한 배경사건에 보다 주목하여 다양한 중재를 계획하는 것도 의의가 있을 것이다.

　넷째, 긍정적 행동지원에 있어서 중재를 계획할 때는 자료에 기초하는 것이 중요하다. 본 연구에 참여한 학교의 경우는 한 학년을 단위로 하여 한 개의 층을 사용하였다. 한 건물에 세 개의 복도가 있는데 이동시간에는 중앙 복도만을 이용하여 이동하였기 때문에 직접 관찰 자료 수집에 유리하였다. 학교의 분위기를 알아보기 위해 학생들이 직접 질문지에 답한 것을 수집하였다. 또한 학교차원의 긍정적 행동지원에 참여한 인원들에 대한 면접을 실시하였다. 그러나 대부분의 학교에 있어서 자료 수집 시에, 학교 건물들이 지니는 구조상의 문제나 전체 학생들과 교사들이 협조하여야 하는 등에 있어서 어려움을 준다면, 보다 효율적으로 중재 절차를 결정하는 데 필요한 기능적인 대체방법이 필요할 것이다. 일일관찰이나 주관적인 척도보다는 문제행동과 관계하는 개별적인 probes나 학교차원의 probes(schoolwide probes)를 이용한 접근(Zirpoli, 2005; Carol et al., 2001)이 학교 교직원과 학생들을 위해서 적당할 것이다. 따라서 후속 연구에서는 중재를 결정하기 위한 자료 수집에 편의적 적합성을 고려한 연구방법 개발을 위한 연구와 인접학문이나 자연과학에서 이용되고 있는 실제적인 방법들을 차용한다면 학교차원의 중재를 실시하는 데 더욱 용이할 것이다.

참고문헌

고동희, 이소현(2003). 교사의 긍정적 행동지원이 장애 학생의 수업시간 문제행동에 미치는 영향. 정서·행동장애연구, 19(2), 1-21.

김미선, 박지연(2005). 학급차원의 긍정적 행동지원이 문제행동을 보이는 초등학교 장애 학생과 그 또래에 미치는 영향. 특수교육학연구, 40(2), 355-376.

김미선, 송준만(2004). 장애 학생을 위한 학교차원에서의 긍정적 행동지원고찰. 특수교육, 3(1). 31-56.

김정선(2004). 학교에서의 긍정적 행동지원이 정신지체학생의 문제행동, 대안기술 및 생활방식에 미치는 영향. 박사학위청구논문 대구대학교 대학원.

김주혜, 박지연(2004). 긍정적 행동지원 과정에서의 핵심관련자 간 협력에 관한 고찰. 특수교육연구, 11(2). 27-41.

노현정(2003). 기능평가에 기초한 선행사건 중심의 중재가 장애 학생의 문제행동, 과제수행 행동, 과제 성취도에 미치는 영향. 이화여자대학교 교육대학원 석사학위청구논문.

방명애(1999). 행동지도의 실제2: 방해행동. 제2회 이화특수교육 연수자료집(pp.179-196). 서울: 이화여자대학교 교육과학연구소 & 사범대학 특수교육학과.

박순희, 박은혜, 오정민(2001). 중도장애 학생을 위한 행동중재동향분석. 특수교육학연구. 36(2), 45-63.

박은혜, 박순희(2001). 중도장애 학생의 교육에 관한 특수학교 교사의 인식조사. 특수교육학연구. 36(1), 29-55.

박지연(2002). 긍정적 행동지원의 이론과 실제. 제12회 특수교육과 학술특강(pp. 2-17). 서울: 이화여자대학교 특수교육학과.

박지연(2003). 장애청소년 및 성인의 문제행동에 대한 긍정적 행동지원. 발달장애청소년 및 성인의 지역사회 참여 지원(pp. 441-449) 서울. 이화여자대학교 특수교육 연구소.

박지연, 오주현(2002). 문제행동을 지닌 장애 학생 행동지원의 현황과 과제: 행동지원에 대한 국내연구 고찰. 정서·행동장애연구, 19(4), 1-24.

박지연, 조윤경, 김미선(2004). 일반학급 내 정서 및 행동 문제를 가진 아동의 특성과 지원 요구에 대한 질적 연구: 정서 및 행동장애 아동 지원체계 개발을 위한 기초연구. 정서·행동장애연구, 20(2), 251-284.

박재국(2003). 장애인의 삶의 질 향상을 위한 이론적 고찰. 특수아동교육연구, 5(2), 149-166.

박현옥(2005). 발달장애아동의 사회적 기술향상을 위한 상황이야기: 나의 학교 이야기. 재단법인 파라다이스 복지 재단.

신현기(2004). 정신지체아 교수방법론. 교육과학사.

심미경, 장덕돌(2000). ADHD아동의 사회성 증진에 전통놀이가 미치는 영향. 정서·학습장애연구, 16(2), 193-211.

양명희, 김미선(2002). 비디오테잎 자기관찰 기법이 초등학교 선택적 함묵증의 말하기 행동에 미치는 효과. 정서·학습장애연구, 17(3), 57-77.

양명희, 김황용(1997). 비디오테잎-자기 관찰 기법이 초등학교 고립아동의 사회적 행동 향상에 미치는 효과. 특수교육학회, 18(3), 263-285.

이경선(1999). 구조화된 사회성 기술교수가 정신지체아의 공격성 행동에 미치는 영향. 이화여자대학교 교육대학원 석사학위논문.

이대식(2003). 교사들이 지각한 초등학생의 정서행동 문제와 대처방안의 효과. 정서·행동장애연구, 19(4), 283−302.

이상복, 김진경(1998). 물놀이 프로그램에 의한 자폐성 아동의 사회성 향상. 정서·학습장애연구, 14(2), 119−138.

이성봉(2000). 기능적 의사소통 훈련이 행동장애아의 복합적 의도를 가진 문제행동 및 의사소통 행동에 미치는 효과. 특수교육학연구, 35(2), 87−114.

이소현(1999). 특수아 문제행동의 이해. 제2회 이화특수교육 연수 자료집(pp.3−25). 서울: 이화여자대학교 교육과학연구소 & 사범대학 특수교육학과.

이소현, 박은혜(1998). 특수아동교육. 서울: 학지사.

이영철, 안창식 (1999). 자기 통제 훈련이 주의력 결핍 과잉행동아의 부적응 행동에 미치는 효과. 정서·학습장애연구, 15(2), 67−82.

이화영, 이소현(2004). 가족이 참여하는 긍정적 행동지원이 정신지체 초등학생의 문제행동에 미치는 영향. 특수교육, 3(1), 103−123.

임명화, 홍준관, 임신화(2002). 꼴라쥬 기법이 주의력 결핍 과잉행동 아동에게 미치는 효과에 관한 연구. 정서·학습장애연구, 18(1), 127−154.

임윤경(2002). 시각적 스케쥴 사용이 초등학교 자폐아동의 장소이동 시간의 문제행동에 미치는 영향. 이화여자대학교 대학원 석사학위 청구논문.

정용석(1997). Think−Aloud 훈련이 학습장애아의 과제 관련언어 및 문제행동에 미치는 효과. 특수교육학회, 18(3), 287−306.

정종진(2003). 어린이 행동장애. 시그마프레스.

Alberto, P. A., & Troutman, A. C.(2001). *Applied behavior analysis for teachers*(6th ed.). Columbus, OH: Merrill.

Anhalt, K., McNeil, C. B., & Bahl, A. B.(1998). The ADHD classroom kit: A whole−calssroom approach for managing disruptive behavior. *Psychology in the Schools, 35*(1), 67−79.

Arndorfer, R. E., Miltenberger, R. G., Woster, S. H., Rortvedt, A. K., & Gaffaney, T.(1994). Home−based descriptive and experimental analysis of problem behaviors in children. *Topics in Early Childhood Special Education, 14*, 64−87.

Artesani, A. J., Mallar, L.(1998). Positive behavior supports in general education settings: Combining person−centered planning and functional analysis. *Intervention in School & Clinic. 34*(1), 33−39.

Bambara, L., M., Gomez, O., Koger, F., Lohrmann−O'Rourke, S., & Xin, Y. P.(2001). More than techniques: Team members' perspectives on implementing positive supports for adults with severe challenging behaviors. *Journal of the association for Persons with Severe Handicaps, 2*, 213−228.

Baker, C. K.(2005). The PBS triangle: does it fit as a heuristic? *Journal of Positive Behavioral Interventions. 7*(2), 120−123.

Begun, R. W.(1996). Read−to−use social skills lessons & activities. society for prevention of violence.

Biglan, A.(1995). Translating what we know about the context of antisocial behavior into a lower prevalence of such behavior. *Journal of Applied Behavior Analysis, 28*, 479−492.

Biglan, A., Ary, D. V., & Wagenaar, A. C.(1998). The value of interrupted time−series experiments for community intervention research. Prevention Research.

Bridges, W.(1991). *Managing transitions: Making the most of changes.* Reading, MA: Addison－Wesley.

Broussard, C. D., & Northup, J.(1995). An approach to functional assessment and analysis of disruptive behavior in regular education classrooms. *School Psychology Quarterly, 10*, 151－161.

Brown, I., & Brown, R. I.(2004). Family quality of life as an area of study. In A. P. Turnbull, I. Brown. & H. R. Turnbull, III(Eds.), *Families and people with method retardation and quality of life: International perspective.* Washington, DC: American Association on Mental Retardation.

Carol, W. M., Anthony, B., Julie, C. R., & Jeffrey R. S.(2001). Evaluation of comprehensive behavior management program to improve school－wide positive behavior support. *Education and treatment of children, 24*(4), 448－479.

Carr, E. G.(2007). The expanding vision of positive behavior support: research perspective on happiness, helpfulness, hopefulness. *Journal of Positive Behavior Interventions, 9*(1) 3－14.

Carr, E. G.(2000). Reconceptualizing functional assessment failures. *Journal of Positive Behavioral Interventions. 2*, 205－207.

Carr, E., G., Dunlap, G., Horner, R. H., Koegel, R. L., Turmbull, A. P., Sailor, W., Anderson, J, L., Albin, R. W., Koegel, L. K., & Fox, L.(2002). Positive behavior support: Evolution of an applied science. *Journal of Positive Behavior Interventions, 4*(1), 4－20.

Carr, E. G., Honer, R. H., Turnbull, A. P., Marquis, J. G., McLaughlin, D. M., McAtee, M. L., Smith, C. E., Ryan, K. A., Ruef, M. B.,

& Doolabh, A.(1999). *Positive behavior support for people with developmental disabilities. A research synthesis.* Washington DC: American Association on Mental Retardation.

Carr, E. G., Levin, L., McConnachie, G., Carlson, J. I., Kemp, D. C., Smith, C. E. et al.(1999). Comprehensive multisituational intervention for problem behavior in the community: Long－term maintenance and social validation. *Journal of Positive Behavior Interventions, 1*(1), 5－25.

Carr, E. G., & Levin, L., McConnachie, G., Carlson, J. I., Kemp, D. C., & Smith, C. E.(1994). *Communication－based intervention for problem behavior: A user's guide for producing positive change.* Baltimore: Brookes.

Carr, E. G., Magito－McLaughlin, D., Giacobbe－Grieco, & Smith, C. E.(2003). Using mood ratings and mood induction in assessment and intervention for severe problem behavior. *American Journal on Mental Retardation, 108*, 32－55.

Carr, E. G., Taylor, J. C., & Robinson, S.(1991). The effects of severe behavior problems in children on the teaching behavior problem. *Journal of Applied Behavioral analysis, 24*(3), 523－535.

Center on Positive Behavioral Interventions and Supports(2004). *School－wide positive behavior support: Implementation blueprint and self－assessment.* Eugene, OR: Author.

Chandler, L. K., Dahlquist, C. M., Repp, A. C., & Feltz, C. 1999. The effects of team－based functional assessment on the behavior of students in classroom settings. *Exceptional Children, 66*(1), 101－122.

Chapman, D., & Hofweber, C.(2000). Effective behavior support in

British Columbia. *Journal of Positive Behavior Interventions,* 2(4), 235－237.

Clarke, S., Worcester, J., Dunlap, G., Murray, M., & Bradley－Klug, K.(2002). Using multiple measures to positive behavior support: A case example. *Journal of Positive Behavior Interventions, 4*(3), 131－145.

Coleman, M. C., & Webber, J.(2002). *Emotional and behavioral disorders: theory and practice*(4th.). Allyn & Bacon.

Colvin, G.(1991). *Procedures for establishing a proactive school－wide discipline plan.* Eugene: University of Oregon, College of Education.

Colvin, G., & Fernadez, E.(2000). Sustaining effective behavior support systems in an elementary school. *Journal of Positive Behavior Interventions, 2*(4), 251－253.

Colvin, G., & Kameenui, E. J.(1993). Reconceptualizing behavior management and school－wide discipline and general education, *Education & Treatment of Children, 16*(4), 136－156.

Colvin, G., Kameenui, E. J., & Suagi, G.(1993). School－wide and classroom management: Reconceptualizing the intervention and management of student with behavior problems in general education. *Education and Treatment of Children, 16,* 361－381.

Colvin, G., Sugai, G., Good, R. H. III, & Lee, Y.(1997). Using active supervision and precorrection to improve transition behaviors in an elementary school. *School Psychology Quarterly, 12,* 344－363.

Committee for Children.(1990). *Violence prevention: Second step.* Seattle, WA: n. p.

Cooper, L. J., Wacker, D. P., Sasso, G. M., Reimers, T. M., & Donn,

L. K.(1990). Using parents as therapies to evaluate appropriate behavior of their children: Application to a tertiary diagnostic clinic. *Journal of Applied Behavior Analysis, 23*, 285−296.

Cooper, L. J., Wacker, D. P., Thursby, D., Plagmann, L. A., Harding, J., Millard, T., & Derby, M.(1992). Analysis of the effects of task preferences, task demands, and adult attention on child behavior in outpatient and classroom settings, *Journal of Applied Behavioral analysis. 25*, 823−840.

Crone, D. A., & Horner, R. H.(2003). *Building positive behavior support systems in schools: functional behavioral assessment.* Guilford Press.

Cummins, R. A.(1997). Assessing quality of life. In R. I. Brown(Eds.), *Quality of life for people with disabilities: Models, research and practice*(pp. 116−150). Cheltenham, UK: Stanley Thornes.

Demchak, M., & Bossert, K. W.(1996). Assessing problem behavior. In D. Browder (Ed.), *Innovations: Research to practice sereis, 4.* Washington, DC: American Association on Mental Retardation.

Duncan, B. B., Forness, S. R., & Hartsough, C.(1995). Students identified as seriously emotionally disturbed in school−based day treatment: cognitive, psychiatric, and special education cha− racteristics. *Behavior Disorders, 20*(4), 238−252.

Dunlap, G., Hieneman, M., Knoster, T., Fox, L., Anderson, J., & Albin, R. W.(2000). Essential elements of inservice training in positive behavior support. *Journal of Positive Behavior Interventions, 2*, 24−32.

Dunlap, G., & Kern, L.(1996). Modifying instructional activities to promote desirable behavior: A conceptual and practical framework. *School Psychology Quarterly. 11*, 297−312.

Dunlap, G., & Kern, L.(1993). Assessment and intervention for children within the instructional curriculum. In J. Reichle & D. Wacker(Eds.), *Communicative alternatives to challenging behavior* (pp.177−203). Baltimore: Brookes.

Dunlap, G., Kern, L., dePerczel, M., Clarke, S., Wilson, D., Childs, K., White, R., & Falk, G.(1993). Functional analysis of classroom variables for students with emotional behavioral disorders, *Behavior disorders, 18*, 275−291.

Durand, V. M., & Carr, E. G.(1985). Reducing behavior problems through functional communication training. *Journal of Applied Behavior Analysis, 18*, 111−126.

Durand, V. M., Berotti, D., & Weinner, J.(1993). Functional communication training: Factors affecting effectiveness, generalization, and maintenance. In J. Reichle & D. P. Wacker(Eds.), *Communicative alternatives to challenging behavior: Integrating functional assessment and intervention strategies*(pp. 317−340). MD: Paul H. Brooks.

Durand, V. M., & Merges, E.(2001). Functional communication training: A contemporary behavior analytic intervention for problem behaviors. *Focus on Autism & Other Developmental Disabilities. 16*(2). 110−120.

Eber, L.(1996). Restructuring schools through wraparound planning: Integrating services for students with emotional and behavioral needs. *American Journal of Ortho −psychiatry, 67*, 385−395.

Eber, L., Nelson, C. M., & Miles, P.(1997). School—based wraparound for student with emotional and behavioral challenges. *Exceptional Children, 63,* 539—555.

Edward, S. S., & George, J. D.(1996). A school—based consultation program for service delivery to middle school students with attention—deficit / hyperactivity disorder. *Journal of Emotional & behavior disorders, 4*(2), 73—80.

Elias, M. J., Weissberg, R. P., Hawkins, J. D., Perry, C. A., Zins, J. E., Dodge, K. C., Kendall, P. C., Gottfredson, D. C., Rotheram—Borus, M., Jason, L. A., & Wilson—Brewer, R.(1994). The school—based protion of social competence: Theory, practice, and policy. In R. J. Haggerty, N. Garmezy, M. Rutter, & L. Sherrod (eds)., *Risk and resilience in children: Developmental approaches.* Cambridge: University of Cambridge Press.

Ellis, J., & Magee, S. K.(1999). Determination of environmental correlates of disruptive classroom behavior: Integration of functional analysis into public school assessment process. *Education & Treatment of Children, 22*(3), 291—316.

Epstein, Michael, H., Cullinan, & Kartub, D. T.(1994). Characteristics of children with emotional and behavioral disorders in community—based programs designed to prevent placement in residential facilities. *Journal of emotional and behavior disorders, 2*(1) 51—57.

Epstein, M., Kutash, K., & Duchnowski, A.(1998). *Outcomes for children and youth with behavioral and emotional disorders and their families: Programs & evaluation. Best practices* (pp.543—580). Austin. TX: PRO—ED

Evans, I. M., & Meyer, L. H.(1985). *An educative approach to behavior problems: A practical decision making model for interventions with severely handicapped learners.* Baltimore: Brookes.

Favell, J. E., Realon, R. E., & Sutton, K. A.(1996). Measuring and increasing the happiness of people with profound mental retardation and physical handicaps. *Behavioral Interventions, 11*(4), 47−58.

Fidura, J. G. 1987. A special behavior unit for treatment of behavior problems of persons who are mentally retarded. *Mental Retardation, 25*(2), 107−111.

Foster−Johnson, L., & Dunlap, G.(1993). Using functional assessment to develop effective, individualized interventions for challenging behaviors. *Teaching Exceptional Children, 25,* 44−50.

Freeman, R. L., Smith, C. L., & Tieghi−Benet, M.(2003). Promoting implementation success through the use of continuous systems− level assessment strategies. *Journal of Positive Behavior Interventions 5*(2) 66−70.

Freeman, R. L., Smith, C. L., Zarcone, J., Kimbrough, p., Tieghi− Benet, M., Wickham, D., Reese, M., & Hine, K.(2005). Building a statewide plan for embedding positive support in human service organizations. *Journal of Positive Behavior Interventions, 7*(2) 109−119.

Frey, K. S., Hirschstein, M. K., & Guzzo, B. A.(2000). Second step: Preventing agression by promoting social competence. *Journal of emotional and behavior disorders, 8*(2) 102−112.

Gable, R., Quinn, M. M., Rutherford, R. B., & Howell, K.(1998). Addressing problem behaviors and behavior intervention plans.

*Preventing School Failure.*42(3), 106 – 119.

George, H. P., Harrower, J. K., & Knoster, T.(2003). School – wide prevention and early intervention: A process for establishing a system of school – wide behavior support. *Preventing School Failure, 47*(4), 170 – 176.

George, M. P., & George, N. L.(1987). Transporting behaviorally disordered adolescents: A descriptive analysis. *Behavior Disorders, 3,* 185 – 192.

Gerhardt, P., & Holmes, G.(1994). The Eden Decision Modle. In E. Schoper & G. B. Mesibov(Eds), *Behavioral issue in autism* (pp.247 – 276). New York: Plenum Press.

Goode, D.(1994). The national quality of life for persons with disabilities projects: A quality of life agenda for the United States. In D. Goode(Ed.), *Quality of life for persons with disabilities*(pp.139 – 161). Cambridge, MA: Brookes in Books.

Gottfredson, D. C.(1997). School – based crime prevention. In L. Sherman, D. Gottfredson, Mackenzie, D. J., Eck, P. Reuter, & S. Bushway (Eds.), *Preventing crime: What works, what doesn't, what's promising.* College Park, MD: Department of Criminology and Criminal Justice.

Gottfredson, D. C., Gottfredson, G. D., and Hybl, L. G.(1993). Managing adolescent behavior: A multiyear, multischool study. *American Educational Research Journal 30,* 179 – 215.

Gottfredson, D. C., Gottfredson, G.D., and Skroban, S.(1996). A multimodel school based prevention demonstration. *Journal of Adolescent Research 11,* 97 – 115.

Gottfredson, G. D., & Gottfredson, D. C.(1996). *A national study of delinquency prevention in schools: Rationale for study to describe the extensiveness and implementation of programs to prevent adolescent problem behavior in schools.* Ellicott city, MD: Gottfredson Associates, Inc.

Gottfredson, D. C., Gottfredson, G. D., & Skroban, S.(1998). Can prevention work where it is needed most. *Evaluation Review, 22,* 315−340.

Green, C. W., & Reid, D. H.(1996). Defining, validating, and increasing indices of happiness among people with profound multiple disabilities. *Journal of Applied Behavior Analysis. 29,* 67−78.

Grossman, D. C., Neckerman, H. J., Koepsell, T. D., Liu, P. Y., Asher, K. N., Beland, K., Frey, K., & Rivara, F. P.(1997). Effectiveness of a violence prevention curriculum among children in elementary school: African American boys. *Child Development, 64,* 124−138.

Guerra, N. G., & Williams, K. R.(1996). *A program planning guide for youth violence prevention: A risk −focused approach.* Center for the study and prevention of violence. University of Colorado. Boulder.

Hawken, L. S., & Horner, R. H.(2003). Evaluation a targeted intervention within a school wide system of behavior support. *Journal of Behavioral Evaluation, 12*(3), 225−240.

Hieneman, M., & Dunlap, G.(1999). Issues and challenges in implementing community−based behavioral support for two boies with severe behavioral support for two boies with severe behavioral difficulties. In J. R. Scotti & L. H. Mayer(Eds.), *Behavior intervention:*

principles, models, and practices(pp.363 − 384). Baltimore: Brookes.

Hirsch, E. J., Lewis − Palmer, T., Sugai, G., & Schnacker, L.(2004). Using school bus discipline referral data in decision making: Tow case studies, *Preventing School Failure 48*(4). 4 − 9.

Hoagwood, K.(2000). Research on youth violence: Progress by replacement, not addition. *Journal of Emotional and Behavioral Disorders, 8,* 67 − 70.

Horner, R. H.(1994). Functional assessment: Contributions and future directions. *Journal of Applied Behavior Analysis, 27,* 401 − 404.

Horner, R, H., Todd, A. W., Lewis − Palmer, T., Irvin, L. K., Sugai, G., & Boland, J. B.(2004). The school − wide evaluation tool(SET): A research instrument for assessing school − wide positive behavior support. *Journal of Positive Behavior Interventions, 6*(1) 3 − 13.

Horner, R. H., & Carr, E. G.(1997). Behavioral support for students with sever disabilities: Functional assessment and comprehensive intervention. *The Journal of Special Education, 1,* 84 − 104.

Horner, R. H., Albin, R. W., Spague, J. R., & Todd, A. W.(2000). Positive behavior support. In M. E. Snell & F. Brown(Eds), *Instruction of student with sever disabilities*(pp.207 − 244). NJ: Prentice Hall.

Horner, R. H., Sugai, G., Lewis − Palmer, T., & Todd, A. W.(2001). Teaching schoolwide behavioral expectations. *Reports on Emotional and Behavioral Disorders in Youth, 1*(4). 77 − 79, 93 − 96.

Horner, R. H., Vaughn, B. J., Day, H. M., & Ard, W. R.(1996). The relationship between setting events and problem behavior: Expanding our understanding of behavioral support. In L. Koegel,

R. L. Koegel, & G. Dunlap(Eds.). *Positive behavioral support: Including people with difficult behavior in the community*(pp. 381 − 402). Baltimore: Brookes.

Huggins, P.(1995). *The ASSIST program −Affective / social skills: Instructional strategies and techniques.* Seattle: Washington State Innovative Education Program.

Ingram, K., Lewis−Palmer, T. & Sugai, G.(2005). Function−based intervention planning: comparing the effectiveness of FBA function−based and non−function−based intervention. *Journal of Positive Behavior Interventions, 7*(4). 224 − 236.

Irvin, L. K., Tobin, T. J., Sprague, J. R., Sugai, G., & Vincent C. G.(2004). Validity of office discipline referral measures as indices of school−wide behavioral status and effects of school−wide behavioral interventions. *Journal of Positive Behavior Interventions. 6*(3), 131 − 147.

Iwata, B. A., Vollmer, T. R., Zarcone, J. R., & Rodgers, T. A.(1993). Treatment classification and selection based on behavioral function. In R. Van Houten & S. Axelrod(Eds.), *Behavior analysis and treatment*(pp.101 − 125). New York: Plenum.

Janney, R., & Snell, M. E.(2000). *Behavioral Support.* Baltimore: Bookes.

Jones, V., Dohrn, E., & Dunn, C.(2004). *Creating effective programs for students with emotional and behavior disorders.* Boston: Allyn & Bacon.

Kamps, D., Kravits, T., Rauch, J., Kamps, J. L., & Chung, N.(2000). A prevention program for students with or at risk for ED:

moderating effects of variation in treatment and classroom structure. *Journal of Emotional and Behavioral Disorders, 8*(3), 141－154.

Kamps, D., Kravits, T., Stolze, J., & Swaggart, B.(1999). Prevention strategies for at－risk students and students with EBD in urban elementary schools. *Journal of Emotional and Behavioral Disorders, 7*(3), 178－188.

Kartub, D. T., Taylor－Greene, S., March, R. E., & Horner, R. H.(2000). Reducing hallway noise: a systems approach. *Journal of positive Behavior interventions, 2*(3), 179－182.

Kazdin, A. E.(1995). *Conduct disorders in childhood and adolescence* (2nd ed.). Thousand Oask, CA: Sage.

Keith, K. D., & Schalock, R. L.(1995). Quality of life in adolescence: The quality of student life questionnaire. *American Journal of Family Therapy, 22*(1), 83－87.

Kemp, D. C., & Carr, E. G.(1995). Reduction of severe problem behavior in community employment using an hypothesis－driven multicomponent intervention approach. *Journal of the Association for Persons with Severe Handicaps, 20*(4), 229－247.

Kennedy, C. H., Long, T., Jolivette, K., Cox, J., & Thompson, T.(2001). Facilitating general education participation for students with behavior problems by linking positive behavior supports and person－centered planning. *Journal of Emotional and Behavioral Disorders, 9*(3), 161－171.

Kern, L., Childs, K. E., Dunlap, G., Clarke, S., & Falk, G. D.(1994). Using assessment－based curricular intervention to improve the classroom behavior of a student with emotional and behavioral challenges. *Journal of Applied Behavior Analysis, 27*, 7–19.

Kern, L., Delaney, B., Clarke, S., Dunlap, G. & Childs, K. E.(2001). Improving the behavior of students with emotional and behavoiral disorders using individualized curricular modifications. *Journal of Emotional and Behavioral Disorders, 9*, 239–247.

Kincaid, D., Knoster, T., Harrower, J. K., Shannon, P., & Bustamate, S.(2002). Measuring the impact of positive behavior support. *Journal of Positive Behavior Interventions 4*(2) 109–118.

Koegel, L. K., Koegel, R. L., & Dunlap, G.(1996). *Positive behavior support: Including people with difficult behavior in the community.* Baltimore: Paul H. Brookes.

Lewis, T. J., Colvin, G., & Sugai, G.(2000). the effects of pre–correction and supervision on the recess behavior of elementary students. *Journal of Education & Treatment. 2.* 109–122.

Lewis, T. J., & Sugai, G.(1999). Effective behavior support: A systems approach to proactive school–wide management. *Focus on Exceptional Children, 31*(6), 1–24.

Lewis, T. J., Powers, L. J., Kelk, M. J., & Newcomer, L. L.,(2002). Reducing problem behavior on the playground: an investigation of the application of school positive behavior supports. *Psychology in schools, 39*(2), 181–190.

Lewis, T. J., Sugai, G. & Colvin, G.(1998). Reducing problem behavior through a school–wide system of effective behavioral support: Investigation of a school–wide social skills training program and contextual interventions. *School Psychology Review, 27*, 446–459.

Lewis, T. J. & Sugai, G.(1999). Effective behavior support: A systems approach to proactive schoolwide management. *31*(6), 1−24.

Lucyshyn, J. M., Horner, R. H., Dunlap, G., Albin, R., W., & Ben, K. R.(2002). Positive behavioral support with families. In J. M. Lucyshyn, G. Dunlap, & R. W. Albin(Eds.), *Families and positive behavior support*: *Addressing problem behavior in family contexts* (pp.3−43). Baltimore: Paul H. Brookes.

Luiselli, J. K., Putnam, R. F., Handler, M. W., & Feinberg, A. B.(2005). Whole−school positive behavior support: effects on student discipline problems and academic performance. *Educational Psychology, 25*(2), 183−196.

Magito−Mclaughlin, D., Mullen−James, K., Anderson−Ryan, K., & Carr, E. G.(2002). Best practices: finding a new direction for christos. *Journal of Positive Behavior Interventions, 4*(3), 156−165.

March, R. E. & Horner, R. H.(2002). Feasibility and contributions of functional behavioral assessment in schools. *Journal of Emotional and Behavioral Disorders, 10*(3) 158−170.

Martella, R. C., & Nelson, J. R.(2003). Managing classroom behavior. *Journal of Direct Instruction, 3*(2), 139−165.

Martella, R. C., Nelson, J. R., & Marchand−Martella, N. E.(2003). *Managing disruptive behaviors in the schools*. Boston: Allyn & Bacon.

Mathur, S. R., & Rutherford, R. B.(1996). Is social skills training effective for students with emotional or behavioral disorders? Research issues and needs. *Behavioral Disorders, 22*, 21−28.

Mayer, G. R.(1995). Preventing antisocial behavior in the schools.

Journal of Applied Behavior Analysis. 28, 467－478.

McCurdy, B. L., Mannella, M. C., & Eldridge, N.(2003). Positive behavior support in urban schools: can we prevent the escalation of antisocial behavior? *Journal of Positive Behavior Interventions, 5*(3), 158－170.

McGinnis, E., & Goldstein, A.(1997). *Skillstreaming the elementary school child: A guide for teaching prosocial skills*(rev. ed). Champaign, IL: Research Press.

McLaughlin, D. M., & Carr, E. G.(2005). Quality of rapport as a setting event for problem behavior: Assessment and Intervention. *Journal of Positive Behavior Intervention. 7*(2) 68－91.

Meyer, L. H., & Evans, I. M.(1989). *Nonaversive intervention for behavior problems. A manual for home and community.* Baltimore: Brooks.

Meyer, L. H. & Evans, I. M.(1993). Meaningful outcomes in behavioral intervention: Evaluating positive approaches to the remediation of challenging behaviors. In J. Reichle & D. Wacker(Eds.), *Communicative alternatives to challenging behavior: Integrating functional assessment and intervention strategies*(pp. 407－428). Baltimore, MD: Paul H. Brookes.

Morrison, G. M., Furlong, M. J., & Morrison, R. L.(1997). The safe school: Moving beyond crime prevention to school environment. In A. Goldstein & J. Cooley(Eds.). *The handbook of violence prevention.* New York: Guildford.

Munk, D. D., & Repp, A. C.(1994). The relationship between instructional variables and problem behavior: A review. *Exceptional children, 60*, 390−401.

Murray, M., Clarke, S., & Worcester, J.(2002). A teacher's perspective of using PBS in a classroom for a girl with multiple disabilities. *Journal of Positive Behavior interventions, 4*(3), 189−193.

Nakasato, J.(2000). Data−based decision making in Hawaii's behavior support effort. *Journal of Positive Behavior interventions, 2*, 247−251.

Neef, N. A. & Iwata, B. A.(1994). Current research on functional analysis methodologies: An introduction. *Journal of Applied Behavior Analysis, 27*, 211−214.

Nelson, J. R.(1996). Designing schools to meet the needs of students who exhibit disruptive behavior. *Journal of Emotional and behavior Disorders, 4*(3), 147−162.

Nelson, C. M.(2000). Educating students with emotional and behavioral disabilities in the 21st century: Looking through windows, opening doors. *Education and Treatment of Children. 23*, 204−222.

Nelson, J. R., Colvin, G., & Smith, D. J.(1996). The effects of setting clear standards on students' social behavior in common areas of the school. *The Journal of At−Risk Issues, Summer / Fall*, 10−17.

Nelson, J. R., Crabtree, M., Marchand−Martella, N., & Martella, R.(1998). Teaching good behavior in the whole school. *Teaching exceptional children. 30*(4). 4−9.

Nelson, J. R., Martella, R., & Galand, B.(1998). The effects of teaching school expectation and establishing consistent consequences on formal office disciplinary actions. *Journal of Emotional and Behavioral Disorders. 6*(3), 153−161.

Nelson, J. R., Martella, R. M., & Marchand−Martella, N.(2002).

Maximizing student learning: the effects of a comprehensive school—based program for preventing problem behaviors. *Journal of Emotional and behavior Disorders, 10*(3). 136—148.

Nelson, J. R., Roberts, M. L., & Smith, D. J.(1998). *Conducting functional behavioral assessment.* Longmont, CO: Sopris West.

Nersesian, M., Todd, A. W., Lehamann, J., & Watson, J.(2000). School—wide behavior support through district—level system change. *Journal of Positive Behavior Interventions, 2,* 244—247.

Netzel, D. M., & Eber, L.(2003). Shifting from reactive to proactive discipline in an urban school district: a change of focus through PBIS implementation. *Journal of Positive Behavior Interventions, 5*(2), 71—79.

O'Hearn, T. C., & Margaret G.(2002). Goihg for the goal: improving youths' problem—solving skills through a school—based intervention. *Journal of community psychology, 30*(3), 281—303.

O'Neill, R. E., Horner, R. H., Albin, R. W., Sprague, J. R., Storey, K., & Newton, J. S.(1997). *Functional assessment and program development for problem behavior: A practical handbook.* Pacific Grove, CA: Brooks / Cole.

O'Neill, R. E., Faulkner, C., & Horner, R. H.(2000). The effects of general case training of manding responses on children with severe disabilities. *Journal of Developmental and Physical Disabilities, 12*(1), 43—60.

Quinn, M. M.(2002). Changing antisocial behavioral patterns in young boys: A structured cooperative learning approach. *Education and Treatment of Children, 25*(4). 380—395.

Reed, D. F., & Kirkpatrick, C.(1998). *Disruptive students in the classroom*: *A review of the literature.* Metropolitan Educational Research Consortium, Richmond, VA.

Reinke, W. M., & Herman, K. C.(2002). A research agenda to prevent school violence, *American Psychologist, 57,* 796－979.

Repp, A. C.(1999). Naturalistic functional assessment with regular education students in classroom settings. In A. C. Repp & R. H. Horner(Eds.), *Functional analysis of problem behavior: From effective assessment to effective support,* Belmont, CA: Wadsworth.

Repp, A. C.(1994). Comments on functional analysis procedures for schoolbased behavior problems. *Journal of Applied Behavior Analysis, 24,* 504－522.

Repp, A. C., & Horner, R. H.(1999). *Functional analysis of problem behavior: From effective assessment to effective support.* Belmont, CA: Wadsworth.

Rhode, G., Morgan, D. P., & Young, K. R.(1983). Generalization and maintenance of treatment gains of behaviorally handicapped students from resource rooms to regular classrooms using self－evaluation procedures. *Journal of Applied Behavior Analysis, 16,* 171－188.

Risley, T.(1996). Get a life! In L. K. Koegel, R. L. Koegel, & G. Dunlap(Eds.). *Positive behavioral support*(pp.425－437). Bahimore; Brookes.

Sadler, C.(2000). Effective behavior support implement at the district level: Tigard－Tualatin school district *Journal of Positive Behavior Interventions, 2,* 241－243.

Schalock, R. I.(2000). Three decades of quality of life. *Focus on Autism and Other Developmental Disabilities, 15*(2), 116−127.

Schalock, R. L., Keith K. D., Hoffman, K., & Karan, O. C.(1989). Quality of life: Its measurement and use. *Mental Retardation. 27,* 25−31.

Schalock, R. L., Brown, I., Brown, R., Cummins, R. A., Felce, D., Matikka, L., et al.(2002). Conceptualization, measurement, and application of quality of life of persons with intellectual disabilities: Report of an international panel of experts. *Mental Retardation, 40*(6), 457−470.

Scheuermann, B. K., & Hall, J. A.(2008). *Positive behavioral supports for the classroom.* New Jersey, Pearson.

Scott, T. M., Nelson, C. M.,(2003). Functional behavior assessment training in public schools: facilitating systemic change. *Journal of Positive Behavior Interventions, 5*(4), 216−224.

Scott, T. M.(2001). A schoolwide example of positive behavioral support. *Journal of Positive Behavior Interventions, 3,* 88−94.

Scott, T. M., & Barrett, S. B.(2004). Using staff and student time engaged in disciplinary procedures to evaluate the impact of school−wide PBS. *Journal of Positive Behavior Interventions, 6,* 21−27.

Scott, T. M., & Nelson, C. M.(1999). Functional behavioral assessment: implications for training and staff development. *Behavioral Disorders, 24*(3), 249−252.

Scotti, J. R., Ujcich, J., Weigle, K., Holland, C., & Kirk, K(1996). Intervention with challenging behavior of persons with developmental disabilities: A review of current research practices. *Journal for the Association for Persons with Severe Handicaps, 21*(3), 123–134.

Shaffer, D., Fisher, P., Dulcan, M. K., Davies, M., Piacentini, J., Schwab–Stone, M. E., et al.(1996). The NIMH diagnostic interview schedule for children version 2.3(DISC–2.3): Description, acceptability, prevalence rates, and performance in the MECA study. *The Journal of the American Academy of Child and Adolescent Psychiatry, 35*(7), 865–877.

Shindler, J., Taylor, C., Cadenas, H., & Jones, A.(2003, April). *Sharing the data along with the responsibility: examining an analytic scale–based model for assessing school climate.* The annual meeting of the american educational research association. Chicago.

Singer, G. H. S., Goldberg–Hamblin, S. E., Peckham–Hardin, K. D., Barry, L. & Santarelli, G. E.(2002). Toward a synthesis of family support practices and positive behavior support. In J. M. Lucyshyn, G. Dunlap, & R. W. Albin(Eds.), *Family and positive behavior support: Addressing problem behavior in family contex.* Baltimore: Brookes.

Skiba, R. J., & Peterson, R. L.(2000). School discipline at a crossroads: From zero tolerance to early response. *Exceptional Children, 66,* 335–347.

Smith–Bird, E., & Turnbull, A, P.,(2005). Linking positive behavior support to family quality–of–life outcomes. *Journal of Positive Behavior Interventions, 7*(3), 174–180.

Smith, M. L., & Heflin, L. J.(2001). Supporting positive behavior in public schools: An intervention program in Georgia. *Journal of Positive Behavior Interventions, 3*, 39−47.

Snell, M. E., & Gast, D. L.(1981). Applying time delay procedure to the instruction of the severely handicapped. *Journal of the Association for the Severely Handicapped. 6*(3), 3−14.

Sprague, J., Walker, H., Golly, A., White, K., Myers, D. R., & Shannon, T.(2001). Translating research into effective practice: The effects of a universal staff and student intervention on indicators of discipline and school safety. *Education and Treatment of Children. 24*(4), 495−511.

Sprague, J. R., Walker, H. M., Sowards, S., Van Bloem, C., Eberhardt, P., & Marshall, B.(2002). Sources of vulnerability to school violence: Systems−level assessment and strategies to improve safety and climate. In G. Stoner, M. Shinn, & H. M. Walker(Eds.). *Interventions for academic and behavior problems II: Preventive and remedial approaches(2nd ed.)*(pp.295−314) Silver Spring, MD: National Association of School Psychologists.

Sprague, J. R., & H. M. Walke.(2005). *Safe and Healthy schools*: *Practical Prevention Strategies*. Guilford Press.

Stormont, M., Lewis, T. J., & Beckner, R.(2005). Positive behavior support systems: applying key features in preschool setting. *Teaching Exceptional Children, 37*(6), 42−50.

Sturmey, P.(1994). Assessing the functions of aberrant behaviors: A review of psychometrics instruments. *Journal of Autism and Developmental Disorders, 24*, 293−304.

Sugai, G., & Horner, R. H.(2005). Educational applications(Volume Ⅲ). In M. Hersen. *Encyclopedia of behavior modification and cognitive behavior therapy*. New York: Sage Publications:

Sugai, G., & Horner, R. H.(2002). Introduction to the special series on positive behavior support in schools. *Journal of Emotional and behavior Disorders, 10*(3), 94−101.

Sugai, G., & Horner, R.(1999). Discipline and behavioral support: Practices, pitfalls, and promises. *Effective School Practices, 17*(4), 10−22.

Sugai, G., & Horner, R.(1994). Including students with severe behavior problems in general education setting: Assumptions, challenges, and solutions. In J. Marr, g. Sugai, & G. Tindai(Eds.), *The Oregon Conference monograph*(Vol, 6, pp.102−120). Eugene: University of Oregon.

Sugai, G., Horner, R. H., Dunlap, G., Hieneman, M., Lewis, T. J., Nelson, C. M., Scott, T., Liaupsin, C., Sailor, W., Turnbull, A. P., Turnbull, Ⅲ H. R., Wickham, D., Wilcox, B., & Ruef, M.(2000). Applying positive behavior support and functional behavioral assessment in schools. *Journal of positive behavior interventions, 2*(3), 131−143.

Sugai, G., & Lewis, T.(1996). Preferred and promising practices for social skill instruction. *Focus on Exceptional Children. 29*(4), 1−16.

Sugai, G., Lewis−palmer, T., & Hanan−Burke, S.(1999−2000). Overview of the functional behavioral assessment process. *Exceptionality, 8*, 149−160.

Sugai, G., Sprague, J. R., Horner, R. H., & Walker, H. M.(2000).

Preventing school violence: The use of office discipline referrals to assess and monitor school–wide discipline intervention. *Journal of Emotional and behavior Disorders, 8,* 94–101.

Sulzer–Azaroff, B., & Mayer, G. R.(1991). *Behavior analysis for lasting change.* Chicago: Holt, Rinehart & Winston.

Taylor–Greene, S., Brown, D., Nelson., Longton, J., Gassman, T., Cohen, J., Swartz, J., Horner, R. H., Sugai, G., & Hall, S.(1997). School–wide behavioral support: Starting the year off right. *Journal of Behavioral Education, 7,* 99–112.

Taylor–Greene, S. J., & Kartub, D. T.(2000). Durable implementation of school–wide behavior support: The High Five program. *Journal of Positive Behavior Interventions, 2,* 233–235.

Tobin, T., & Sprague, J.(2000). Alternative education strategies: Reducing violence in school and the community. *Journal of Emotional and Behavioral Disorders, 8,* 177–186.

Tobin, T., & Sugai, G.(1999a). Predicting violence at school, chronic discipline problems, and high school outcomes from graders' school records. *Journal of Emotional and Behavioral Disorders. 7,* 40–53.

Tobin, T., & Sugai, G.(1999b). Discipline problems, placements, and outcomes for students with serious emotional disturbance. *Behavioral Disorders, 24,* 109–121.

Tobin, T., Sugai, G., & Colvin, G.(1996). Pattern in middle school discipline records. *Journal of Emotional and behavior Disorders, 4(2),* 82–94.

Todd, A. W., Horner, R. H., Sugai. G., & Colvin, G.(1999).

Individualizing schoolwide discipline for students with chronic problem behaviors: A team approach. *Effective School Practices*, 17(4), 72 – 82.

Todd, A., Haugen, L., Anderson, K., & Spriggs, M.(2002). Teaching recess: Low – cost efforts producing effective results. *Journal of positive behavior interventions. 4*(1), 46 – 52.

Todd, A. W., Horner, R. H., Sugai. G., & Sprague, J. R.(1999). Effective behavior support: Strengthening school – wide systems through a team – based approach. *Effective School Practices, 17*(4), 23 – 37.

Turnbull, A. P., & Ruef, M.(1997). Family perspectives on inclusive lifestyle issues for people with problem behavior. *Exceptional Children, 63,* 211 – 227.

Turnbull, A. P., & Turnbull, H. R.,(2001). *Families, professionals, and exceptionality: A special partnership collaborating for empowerment.* NJ: Prentice Hall.

Turnbull, A. P., Edmonson, H., Griggs, P., Wickham, D., Sailor, W., Freeman, R., Guess, D., Lassen, S., McCart, L., Park, J. Y., Riffel, L., Turnbull, H. R., & Warren, J.(2002). A blueprint for schoolwide positive behavior support: Implementation of three components. *Exceptional Children, 68*(3), 377 – 403.

Umbreit, J.(1995). Functional assessment and intervention in a regular classroom setting for the disruptive behavior of a student with attention deficit hyperactivity disorder. *Behavioral disorders, 20*(4), 267 – 278.

Walker, H. M., Colvin, G., & Ramsey, E.(1995). *Antisocial behavior in school*: *Strategies and best practices*. Pacific Grove, CA: Brooks / Cole.

Walker, H. M., Horner, R. H., Sugai, G., Bullis, M., Sprague, J. R., Bricker, D., & Kaufman, M. J.(1996). Integrated approaches to preventing antisocial behavior patterns among school−age children and youth. *Journal of Emotional and behavior Disorders, 4,* 193−256.

Walker, H. M., & Shinn, M. R.(2002). Structuring school−based interventions to achieve integrated primary, secondary, and tertiary prevention goals for safe and effective schools. In M. R. Shinn, G. Stoner, & H. M. Walker(Eds.), *Interventions for academic and behavior problems*: *Preventive and remedial approaches*(pp.1−25). Silver Spring, MD: National Association of School Psychologists.

Walker, H. M., Zeller, R. W., Close, D. W., Webber, J., & Gresham, F.(1999). The present unwrapped: Change and challenge in the field of behavioral disorders. *Behavioral Disorders. 24,* 293−304.

Warren, J. S., Edmonson, H. M., Turnbull, A. P., Sailor, W., Wickhan, D., & Griggs, P.(2000). *School−wide application of positive behavioral support*: *Implication and preliminary evaluation of PBS in an urban school*. Unpublished manuscript, University of Kansas.

Warren, J. S., Edmonson, H. M., Griggs, P., Lassen, S. R., McCart, A., Turnbull, A., & Sailor, W.(2003). Urban applications of school− wide positive behavior support: critical issues and lessons learned, *Journal of Positive Behavior Interventions, 5(2),* 80−91.

Wheeler, J. J., & Richey, D. D.(2005). *Behavior management: Principles and practices of positive behavior supports.* Pearson Education, NJ.

Wolfe, P. S., & Hall, T. E.(2003). Making Inclusion a Reality for Students with Severe Disabilities. *Teaching Exceptional Children, 4,* 56−60.

Wolery, M., Ault, M. J., & Doyle, P. M.(1992). *Teaching students with moderate and severe disabilities*: *Use of response prompting strategies.* New York: Longman.

Wolery, H. M., Bailey, D. B., Jr., & Sugai, G. M.(1998). *Effective teaching*: *Principles and procedures of applied behavior analysis with exceptional students.* Boston: lly & Bacon.

Zirpoli, T. J.(2005). *Behavioral management: Applications for teachers.* 4th Eds. Upper Saddle River, NJ. Pearson Education, Inc.

〈부록 1〉

기능평가 요약

학생 이름: 소망		연령: 12세 4개월
학교: **초등학교	학년: 6학년	날짜: 200*, 4, 6

■ 문제행동은 무엇인가(문제행동을 명확하고, 관찰 가능한 용어로 정의하세요)
1. 수업 중 교사의 지시나 허락 없이 엎드려 있다.
2. 교사가 지시를 내렸을 때 가만히 있거나 거부한다.
3. 수업 시 옆 친구를 방해한다.
4. 이동시간에 복도에서 달리거나 뛰거나 바닥에 미끄러진다.
5. 이동시간에 복도에서 방해가 될 정도로 소리를 지른다.
6. 이동시간에 다른 학생을 건들거나 때린다.

■ 문제행동이 얼마나 자주 발생하는가? 문제행동 1-5까지는 매시간 발생하며, 다른 학생을 건드는 것은 이동시간에 자주 발생한다. 타인을 때리는 행동은 화가 많이 났을 때 발생한다(학생은 잠재적으로 그러한 요구를 가지고 있다).	**(예: 회수 / 수업, 일, 주)** 3 / 10분(수업시간) 5 / 10분(이동시간) "애들을 보면요 때리고 싶어요⋯⋯난 거의 맞거든요"
■ 문제행동은 주로 어디서 발생하는가? 학교 일과 중 수업시간과 이동시간에서 대부분 발생 －때로는 특별한 이유가 없어 보임 －제공된 과제가 본인에게 의미를 제공하지 못하거나 동기를 부여하지 못할 때 －지식적 수업(국어, 수학, 과학, 사회 등) －자신이 수행할 수 없을 때	**■ 문제행동이 발생하지 않을 때가 있는가?** 점심시간, 음악, 미술시간, 컴퓨터 시간 **■ 학생이 성공적이었을 때:** 컴퓨터 게임시간, 종이 접기 시간, 대신 읽어주면서 과제를 할 때

■ 문제행동이 예상되거나 발생하기 전에는 어떤 선행 사건이 일어나는 것으로 보이나? 1. 영향을 미칠 수 있는 생태학적 사건 • 학생이 보이는 불안과 위축의 경우는 어릴 때 어머니의 가출과 아버지의 지속적인 폭력과 부적절한 관계가 영향을 미쳤을 것 • 수면 시 폭력에 대한 두려움으로 숙면하지 못함 • 대상 학생과 친밀한 상호작용을 하는 어른이 없음 • 기초적성 검사결과: 언어, 수학적 적성력이 매우 낮음 • 사회적 성숙도는 높음(학생이 살림하면서 학교에 다님) 2. 하루의 어떤 때, 교수활동의 종류 • 등교 후에 교사 회의로 인한 담임교사 부재 시 • 지식적 수업 위주로 진행되는 주요 교과시간(국어, 수학, 과학) • 준비물이 갖추어지지 않고 결과를 내야 하는 과제가 부여될 때 • 본인의 수준보다 어려운 학습과제 제공 시	"고모랑 살면 맞지 않지만……, 술 없으면 안 때려……" "난 쓸모가 없어요" "이건 안 된다니까요, 배우고 싶은 것이 없으니까 맘대로 하세요"
■ 문제행동을 강화하거나 유지시키는 작용을 하는 후속결과는 무엇인가? • 학교활동 전반에서 무관심 • 학생의 성취동기, 무기력, 비합리적인 신념체계 • 교사와 급우들의 무시	"내가 여태 특수반 다녔는데도 아직도 그자를 몰라요. 싸움만 해요 난 노동자 될 거예요"
■ 문제행동이 학생에게 제공하는 것은 무엇인가? • 학습 활동에 참여하지 않거나 교실을 나가는 것이 수용됨 • 자신이 하고 싶은 것(종이 접기, 단순계산, 아무것도 하지 않기)을 할 수 있음	"내 목표는 아무것도 안 하는 것이야, 교실에서 죽은 것처럼" "난 애자예요" "머리 아픈 것 나오면 게임방 가 선생 몰래. 거기 가면 내가 할 수 있는 것이 있거든"
■ 문제행동을 수정하기 위해서 이미 시도되었던 중재는 무엇인가? • 대체로 무시한다. • "왜 그러니" "조용히 있어" 라고 말하기 • 특수학급에 보내거나 교실 앞, 뒤에서 무릎 꿇고 손들고 벌서기	담임교사: "내가 어떻게 해야 할지 모르겠고, 냄새도 나고, 옷 사줘도 그냥 입고 와……" 학생: "나를 무시해요, 내가 거지야 옷을 주게"

■ 문제행동을 줄이기 위해서 어떤 환경적 중재가 가능한가?

- 학생이 교사의 도움을 즉각적으로 받기 위해서 자리 배치를 앞쪽으로 한다.
- 선호활동을 수업에서 활용한다.
- 학습 지원을 한다.
- 학생의 가정생활을 도와줄 수 있는 방법을 모색: 식사, 수업 준비물, 여벌의 옷
- 학생의 정서적 안녕을 돕기 위해서 담임교사와 다른 사회적 지지망을 활용한다.
- 학생이 근접거리에 거부반응이 있으므로 한 팔 거리 이상 떨어져서 지시하고 가까이 다가갈 경우는 미리 이야기하고 행동한다.

■ 긍정적인 대안적 행동의 가능성을 증가시키기 위해서 할 수 있는 것은 무엇인가?

- 평화적인 문제해결을 위한 사회적 기술을 교수하고 이행 시 약속된 강화를 한다.
- 기초학업을 증진시키기 위한 개별지도를 실시한다.
- 과제의 난이도를 조절하고 완수할 수 있도록 교사의 지원과 또래 지원을 실시한다.
- 부분적으로라도 학급의 구성원의 책임을 다하게 하기 위해서 적은 과제를 내어주고 학급에서 책임지고 할 수 있는 역할을 준다.
- 학습된 무기력을 극복하기 위해서 과제 완수를 돕고, 과제 성취가 학생의 능력이라는 것을 강조하며 교실에 게시하거나 개인 파일 첩을 만들어 누적하게 한다.
- 학생의 흥미를 유발시키기 위해서 학생의 선호도를 고려한다.
- 동기를 보일 때나 과제에 참여할 때 사회적 강화를 실시한다.
- 활동에 대한 일지를 교사의 도움을 받아서 쓰게 한다.
- 학생이 알고 있는 이야기나 사건을 중심으로 쉬운 읽기학습을 시킨다.
- 학생이 푼 수식을 문장제로 바꾸고 문장제를 수식으로 바꾸는 연습을 하게 한다.
- 학생이 교사와 이야기를 나누는 시간을 허용한다: 학생이 대화를 신청할 수 있도록 허용한다, 하고 싶은 말이 있을 때 사인을 하거나 쪽지를 보낸다.
- 쓰는 것에 대한 거부감을 줄이기 위해서 학생이 선호하는 컴퓨터를 사용한 활동으로 대체해 주거나 활용한다.

■ 문제행동을 감소시키기 위해서 할 수 있는 전략은 무엇인가?

- 학생의 가정환경이 부적응 행동의 가능성을 높이는 요인으로 작용하기 때문에 그에 대한 지원이 필요하다.
- 학생이 학교활동에 참여할 수 있도록 필요한 준비물에 대한 지원을 한다.
- 과제를 하려고 하거나 집중해서 어떤 활동을 할 때 긍정적인 칭찬을 해준다(특히 칭찬은 구체적이고 묘사적이며 학생이 수긍이 갈 수 있도록 한다).
- 학교와 학급에서의 공동체에 기본적으로 지켜야 하는 규칙(수업시간, 이동시간)을 게시하고 전체 학생들과 마찬가지로 일관되게 숙지시키고 재지도를 한다.

- 학생의 무책임하고 부적절한 언어표현에 대해서 긍정적으로 과잉 경정시킨다.
- 행동계약을 실시한다.
- 체벌이나 비배제적 타임아웃을 배제한다.
- 학생의 의견과 선호활동을 존중한다.
- 읽기, 철자 쓰기, 낱말 받아쓰기 등 학생이 잘 수행할 수 없는 활동에서 미리 다양한 단서와 촉진을 사용한다.

■ 학생 자신의 요구를 충족시킬 수 있는 전략이 있는가? 1. 학생의 선호도 파악 -학교에서는 여교사, 특수교사 선호 (학생은 형이 있었으면 좋겠다고 함: 학생이 적절한 아버지상이 없으므로 고려사항) -미술이나 실습 위주의 수업(종이공작, 컴퓨터 게임) 활용 -1:1지도 -단어를 단독으로 제시했을 때보다 문장으로 제시했을 때 단어 재인이 잘되는 점을 이용 -촉각적, 조작적 활동을 선호 -운동감각적 양식을 통해서 학습을 잘하는 것을 활용 2. 교수적 수정 -학생이 할 수 있는 숙제를 내어주기 -문장제 수학문제에서 교사가 지문 읽어주기 -그림과 글자의 혼합된 읽기자료 활용(쉬운 그림 과학책, 종이 접기 책 좋아함) 3. 학습된 무기력에 대한 전략 -행동관리 계약 사용 -학생이 잘하는 활동에 대해서 전체 학생들에게 시범을 보일 기회를 부여하고 사회적 강화 실시 4. 스케줄 조정 -특수학급에 가는 시간을 학생의 교과 수준에 따라 조절한다. -학교에서 해야 할 일에 대해서 계획표를 만들어 제공하고 확인하게 한다. 5. "우리 반 하나 되기"에서 모델이 될 수 있는 기회를 자주 만든다.	"같이 놀아주고 공부도 도와주고 그런 형이 있으면 좋아요" "집에서는 아무것도 할 수 없어" "난 숙제도 없어, 근데 좋기도 하지만 싫어 애들이 다 내가 애라고 생각해요 공부도 못하고 숙제도 없고……" "내가 할 일이 있나, 교실에서 하나도 없어. 그러니까 그냥 사고 치지. 내가 못하지. 근데 나도 할 수 있는데……"

기능평가를 위한 붙임자료 예시1

학습 특성 검사

학생명: 소망이   일시: 200*/ 4 / 4
담당교사: 송**(담임교사) / 이**(특수교사)

1. 다른 학생들로부터 배우는가?(우발 학습)
   그런 것 같기도 하다(담). 약간의 시범으로 수행할 수 있다(특).

2. 어떤 양식ー시각적, 청각적, 운동감각적, 또는 복합적ー을 통해
   가장 잘 학습하는가?
   시각격(글씨를 모르니까 보고 하는 것, 책 보기를 좋아함, 그림 영상
   　　　자료를 싫어하지는 않으나 학습 자료에는 주의를 기울이지 않음)
   운동 감각격 양식(컴퓨터 조작이나 종이 접기들을 하는 것을 봤음, 모
   　　　든 운동 활동을 좋아함)
   청각격(교사의 말을 잘 기억하고 사람들과 말을 하는 것을 좋아하지만
   　　　기타 청각격 학습 자료에는 반응하지 않음)
   촉각격(사물을 다루는 것이나, 그림을 그리는 것을 좋아함)

3. 좀더 알아야 할 것을 어떻게 학습하는가? 가정, 학교, 어떤 상황
   하에서?
   그런 면을 본격이 없음(담).

4. 교사가 많은 다양한 방법으로 가르쳐야 할 필요가 있는가?
   있지만 실행하지 못함, 교실에서는 특별히 수업이 이루어지는 것은 아

님(담). 주로 학습지 위주의 수업이어서 다양한 방법을 사용하지는 못하고 있음(특).

5. 학습하기 위해 강화물을 필요로 하는가?

특별한 강화물을 사용한 적이 없음.

6. 학습이 어려울 때 과제 이탈 행동이 뚜렷하게 나타나는가?

그렇다. 공격적으로 변함, 교실 이탈을 한다. 아무것도 안 하고 있다.

7. 남자 교사와의 관계가 더 좋은가? 아니면 여자 교사와의 관계가 더 좋은가?

남교사는 무서워하는 것 같음(특히 교무부장이나 체육부장 그런 사람들?).

8. 새로운 정보가 새로운 환경에 일반화되는가?

잘 모르겠음, 실패에 대한 인내가 낮음, 새로운 과제를 접할 때 화를 내거나 좌절함. 회피하려고도 하는 것 같음, 자기가 할 수 없을 것 같은 과제가 주어지는 것 자체를 좋아하지 않는다.

9. 대그룹 / 소그룹 / 일대일 중 어떤 상황에서 가장 잘 학습하는가?

1:1이나 소그룹(특) 대집단 활동에서는 거의 배제됨, 효율적인 소그룹 활동도 이루어지기 어려움(담).

10. 학교에 대해 어떻게 느끼는가?

그럭저럭, 싫다고 하지는 않음(특). 잘 모르겠다(담).

11. 우수한 영역은 무엇인가?

사회, 컴퓨터(시간을 좋아하지만…… 게임은 잘하는 것 같다), 조작과 관계되는 것은 잘한다.

12. 인지 발달은 어떠한가? 언어 기술은 어떠한가?

읽기 이해력 가능함, 거의 의욕이 없음, 1학년 쓰기 읽기 수준 / 수학

받아 올림과 내림이 있는 덧셈과 뺄셈 가능, 사람들과 이야기하는 것을 좋아하는 것 같음(툭툭 던지는 식으로). 쓰기와 읽기를 못함(담). 그림을 보고 간단히 이야기를 꾸밀 수 있음, 받침이 없는 몇 개의 낱말을 읽을 수 있음(특). 단어를 독자적으로 제시할 때보다 문장으로 제시했을 때 단어 재인을 더 잘함(특).

13. 학습한 정보를 새로운 환경이나 장면에 일반화할 수 있는가?

잘 모르겠다(담). 가능할 것임(특).

14. 학습 문제를 다루는 것을 배웠는가?

교실에서는 그냥 앉아 있는다(담). 적절한 지원이 있을 때는 학습하는 것 같다(담). 읽고 쓰기가 잘 되지 않아서 새로운 것을 학습하기는 어렵지만 말로 하는 것을 알아들음(특). 학습 자료에 처음부터 주의를 기울이는 것은 아니지만 관심을 가져주고 학생의 요구에 맞게 제시해 주면 시작 반응이 나타남(특).

15. 학교, 놀이터, 집에서의 일상적인 문제들을 해결할 수 있는가?

교실에서는 소극적 운동장이나 기타 복도 다른데서는 주로 싸우거나 공격적인 행동이나 언어의 사용 혹은 실실 돌아다니면서 상황을 도피하는 것 같다(집안일이나 문제는 알아서 하는 것 같다??!!). 수업시간에는 소극적이지만 수업방해를 많이 한다.

16. 학습이 비일관적인가(어떤 날은 아는 것 같고, 다른 날은 잘 모르는 것 같다)?

그렇다. 특히 어떨 때는 교실에서도 잘 따라오는 것 같다.

기능평가를 위한 붙임자료 예시2

A - B - C 관찰 기록 양식

학생: 소망 **날짜 / 요일 /** 200* 4 / 4
환경 / 활동: <u>수학시간</u> **관찰자:** 김**
목표행동: 교사 지시 거부하기, 소음 내기, 옆 친구 방해하기

시간	선행사건	행동	후속사건
	행동 전에 어떤 일이 일어났는가?	학생이 무엇을 하였는가?	행동 이후에 어떤 일이 일어났는가?
9 : 15 A.M.	교사: "다 같이 책 펴"라고 지시한 후에 해당 쪽에 나온 연산 문제를 풀라고 말함	소망이는 책을 펴서 뒤적거리면서 옆 친구를 침	담임교사의 반응이 없음
	교사: "다 풀었으면 짝이 검사해"	소망이는 책을 덮고 책상 위에 엎드림, 계속 혼자 "에이시" 하면서 구시렁거림	담임교사가 "소망 똑바로 앉아~"라고 말만 하고 다른 반응을 보이지 않음
9 : 25 A.M.	교사가 소망이게 가서 "어디 봐" 하면서 책을 폄 "읽어봐"	소망이가 문제(문장제 수학)를 읽지 못함	교사가 읽어주면서 수식을 보여줌 소망이가 계산함
	교사가 소망이의 머리를 쓰다듬음	소망이가 몸을 움츠리고 "어 왜 이래"	교사가 "얘는 칭찬도 못 해" 하면서 소망이 머리를 쥐어박음

기능평가를 위한 붙임자료 예시3

학생 시간표 분석

학생: 소망이   인원   이** / 특수교사   송** / 담임교사

                                        이름 / 역할   이름 / 역할

학급: 6-3

                                    김** / 교과담당교사

날짜: 200* / 4 / 4

                                        이름 / 역할   이름 / 역할

목표행동: 소리 지르기, 교사 지시 거부하기, 옆 친구 방해하기

시간	수업 / 활동	행동: + = 경한 / 드문 − = 과도한 V = 다양함	집단화: I = 독립적 1:1 = 일대일 SG = 작은 그룹 LG = 큰 그룹	과제 유형: P = 종이 / 연필 O = 구술 H = 직접 조작 C = 컴퓨터	인원(Staff) 특수교사 담임교사 교과담당 교사
8:50 A.M.	애국조회에 이어 국어(읽기 / 쓰기 / 모둠활동)	−	LG	P	담임교사 / 특수교사
9:30 A.M.	쉬는 시간	− / +	LG / I		없음
9:40 A.M.	수학	−	SG / SG	P / O	특수교사 / 담임교사
10:20 A.M.	쉬는 시간(이동)	−	LG		없음
10:30 A.M.	컴퓨터	V	1:1	P / O / H / C	교과교사
11:10 A.M.	쉬는 시간(이동)	−	LG		없음
11:20 P.M.	과학	−	LG	H	담임교사
12:00 P.M.	쉬는 시간(점심 준비)	−	SG	H / P	담임교사
12:10 P.M.	점심시간	+	SG or 1:1	H	담임교사
12:50 P.M.	쉬는 시간	V	varies	H	없음
01:00 P.M.	미술	−	I / SG	H / O	담임교사
01: 40 PM	청소시간	−	SG	H	없음

기능평가를 위한 붙임자료 예시4

소망이의 배경사건, 선행사건에 대한 이해를 위한 기록의
재검토 / 관찰 / 면담보고

A 기록의 재검토(담임교사, 특수교사, 소망이)

*** 가족관계**

1. 어머니가 어릴 적에 아버지의 폭력으로 가출을 하였고 아버지와 둘이서 살고 있는 것으로 보고.
2. 아버지는 당뇨병을 앓고 있었고 건축현장의 일용직 노동자로 생활하였는데, 4월 현재 다리를 다쳐서 집에서 쉬고 있음
3. 소망이는 유치원 이전에 어머니의 가출 이후 초등학교 4학년까지 고모와 함께 살았고 본인이 원하여서 5학년부터 아버지와 살게 되었음

    ("왜냐고요? 아버지가 불쌍해서. 그리고 이제는 때리는데 힘도 없어. 고모랑 살면 내가 맞지 않아. 우리 엄마도 맞아서 나갔지. 나도 그러면 아버지가 불쌍해요. 그래도 무서워. 술 없으면 때려. '술 사와.' 술 안 먹을 때는 착해요. 잠만 자요. 잠잘 때 들어가면 되고…… 애들이 애자라고 하는데. 아빠 없으면 진짜 어떻게 하라고.")
4. 소망이가 보이는 수업시간과 이동시간에서의 문제행동과 함께 타인을 때리거나 교사에게 부적절한 언어 표현하기, 위축과 불안 등과 가족사와 관계에 대해서 고민할 것.

* 소망이에 대한 정보

1. 특별히 선호하는 음식이 없었으며 먹는 것에 관심도 없음

2. 수면 시 아버지의 폭력에 대한 두려움으로 숙면할 수 없음
   (아버지의 폭력이 언제 나타날지 몰라서 깊은 잠을 자거나 편안한 자세
   로 자지 못한다고 답)

3. 친밀한 관계를 맺고 있는 어른이 없음:
   학생의 문제행동에 영향을 미칠 수도

4. 일반 정보: 평균 지능

5. 기초적성 검사의 결과:
   언어, 수학적 적성력은 매우 낮고 과학적 적성력은 조금 낮았으
   며 사회성숙도는 또래에 비해 높은 것으로 보고됨.
   담임교사와 특수교사의 관찰기록에서는 교과목의 난이도나 학생
   의 학업성취에 따라서 문제행동이 증가하였다는 진술

6. 학생의 수년간 아버지로부터의 진행된 폭행과 기타 요인으로 건
   전한 아버지상의 부재 그리고 학업과 관계된 특성에 대한 지원이
   학생의 전반적인 문제행동의 감소에 질적인 영향력으로 예견됨

B. 면담과 보고자 방법(담임교사, 특수교사, 소망이)

*물리적 환경

1. 소망이:
   교실의 물리적인 환경은 좋다("지낼 만해")
   소망이 입장: 물리적 환경에 대해서 크게 민감하지 않고 보편적인 환경

에서 교사의 지시를 들을 수 있지만 자리가 뒤쪽에 배치되어 있어서 교사가 무엇을 지시하는지 모를 때가 많으며, 큰 소음이나 아주 조용한 환경에서는 쉽게 영향을 받고 문제행동을 유발하게 된다고 하였다. 온도나 조명 등에 민감한 반응을 보이지 않고 교사의 시선을 의식하고 특별히 선호하는 환경은 없지만 주의 산만한 경향이 있다고 하였다.

2. 담임교사:
   학생에게 지원과 감독을 위한 적절한 환경은 아니라고 답
3. 학생의 지원에 대한 사회적 환경과 활동과 교수 영역, 스케줄과 예측가능성, 의사소통부분: 대체로 부정적.
   소망이 생각: 활동과 교수적 측면에서 교사나 자원봉사자와 함께 학습을 하는 경우는 잘 수행한 것으로 나타났다.
4. 수행도: 남을 도와주는 역할을 맡을 때 수행도가 높음, 교수기술 면에서는 약간의 시범으로 수행할 수 있다.

* 상호작용

1. 교사 학생 간의 상호작용:
   대체로 학생과 기계적인 상호작용을 함, 결속적인 부분이 특히 적음
2. 소망의 담임교사는 대상 학생에게 우호적인 태도를 가지고 보호하려는 측면도 나타났고 실제적으로 그러한 마음이 있으나 학생이 그에 대한 반응을 보이지 않는다고 답
3. 특수교사의 상호작용 양식은 어떤 특정한 정형성을 보이지 않고 여러 양식이 고루 나타남. 담임교사와는 대조적으로 결속적인 상호작용의 측면이 가장 강한 것으로 보고됨(학생과 질적인 상호작

용이 안 되는 것이 소망이를 만날 때 가장 어려운 점: 소망이가
보여주는 교사에 대한 양면적인 태도로 인해서)

4. 교사의 칭찬에 대해서는 양면적인 반응을 보임.

5. 교사들이 보고한 대상 학생의 주요문제 행동
수업 중 교사의 지시를 따르지 않으며, 자리 이탈을 하고, 과제에
흥미를 보이지 않으며, 착석 시에도 태도가 바르지 않고, 옆 친구
를 방해하는 행동을 보인다고 함.

C. 관　찰:
사회성이 부족하거나 일반적으로 외형상의 문제가 있는 것은 아니
며 일반적인 교과활동에는 크게 문제가 없음

＊ 학업적 측면

1. 수업시간에 두드러진 활동을 하는 것은 아니었으나 쓰기와 읽기
에 있어서 어려움이 관찰됨: 글씨를 써야 할 때는 아는 글자도
일부러 흘려서 쓰고 흐리게 쓰는 경향이 있음

2. 짧은 내용으로 작문하는 것이 과제로 주어질 때는 욕을 하거나
과제를 건성으로 하다가 덮어놓기도 하고 혹은 다른 교과서를 꺼
내서 보기도 함.

3. 필기 시에는 책상에 옆으로 누워 엎드린 자세로 쓰기도 하였고
또한 짝이 쓴 것을 보고 쓰려고도 하였으나 짝이 보지 못하게도
함－이런 과정에서 괜히 짝을 건들기도.

4. 교사가 개입하지 않을 경우는 수업이 시작되어도 과제에 집중하

지 않고 몰래 종이 접기를 하거나 그림 과학책을 꺼내서 보기도 하고, 입으로는 쉬지 않고 다른 학생들의 문제나 상황을 간섭하여 이 행동이 수업 진행에 방해가 되었고 학습과 교실분위기를 흩어 놓음

5. 체육시간을 포함해서 대부분의 교과 수업에서는 소외된 모습을 나타냄

6. 미술시간에 그룹별로 학급안내판을 구성할 때는 참여하고자 하였음. 특히 종이 접기의 시간에는 종이 접기를 못한다고 말하면서도 다른 급우들이 종이를 접는 것을 보더니 "나는 이것보다 더 잘할 수 있다"고 말하면서 스스로 해보였고 교사의 칭찬을 받고 게시되기도 함

7. 컴퓨터 시간에는 자리 이탈은 일어나지 않지만 교사의 지시를 따르지는 않음

8. 게임을 좋아해서 교사의 감독이 없을 경우는 주로 게임을 하고 있었으며 컴퓨터 수업 자체를 좋아하지는 않음. 교사가 제지했을 때 경우는 과제 수행의 지시를 따르지 않고 엎드려 있다가 다시 게임을 하곤 했는데 교사도 이를 묵인하였음

9. 운동장에서 활동하는 시간에 자리를 이탈하여 한적한 곳에 있기도 하였는데 담임교사가 부르면 다시 와서 활동에 참여하였고 성과를 나타내기도 하였지만 어느새 다른 곳에 가 있었음

10. 학생이 활동에 능력이 없는 것이 아니었고 전반적인 활동에 관심을 나타내지 않았음

11. 이동시간이나 쉬는 시간에서는 공격적인 행동을 보이거나 "맞을래" "죽을래" 등의 표현을 일상적으로 사용

12. 결과적으로 교실에서 급우들과 어울리는 데 크게 방해가 되었으며, 다른 학생들의 모방을 유도하게 되어서 교사가 어려움을 겪고 있는 것으로 관찰됨.

13. 관찰 기간 내내 학생은 같은 옷을 계속 입고 왔는데 주위 학생들이 불쾌해했고 이로 인해서 학생의 공격적인 행동이 촉발되어 순환양상까지 보이기도

14. 특별히 주목할 점은 모든 학교활동시간에 칭찬에 대해서 예민한 반응을 보였음:

    교사가 잘했다고 하면 과제를 거부하기도 함(교사가 무척 곤란해 함)

15. 교사가 전체적으로 지적한 문제를 보지도 않고 처음부터 못 한다고 하고, 설명을 해도 이해를 하지 못했다고 하거나 모른다고 답하지만 교사가 학생에게 가까이 가서 직접 설명을 할 경우는 거의 대부분 질문에 맞는 답을 하거나 긍정적인 반응을 보임(이때 교사가 학생에게 밀착된 경우는 학생이 회피하거나 움찔하는 모습을 나타냈고 만약 교사가 문제를 풀어보라고 하고 다른 학생에게 주의를 돌릴 경우는 여전히 과제에 참여하지 않고 다른 활동을 하는 모습을 보임: 학생에게 다가갈 때 미리 말해 주기가 필요할 듯).

16. 문제행동과 관계해서 정리

    학생은 자신의 문제는 공부를 안 하고 친구들을 건들며 수업하기 싫을 때 교실을 나가는 것이라고 하였음

    ("애들을 보면요 때리고 싶고요, 나한테 맞으면 꼼짝도 못 할 걸요. 그렇다고 내가 때린다는 것은 아니에요. 난 거의 매일 맞거든요. 학

교에서는 그냥 교실에 안 들어가요. 들어가도 난 아무것도 하지 않지! 게임방 가고 오락하는 것 재미있지." 더하여 자신은 아무것도 할 수 없으며 집에 있는 것보다는 학교에 오는 것이 더 좋지만 무엇을 배우려고 오는 것은 아니라 놀러 오는 것이라고 하였다. 일반학급에서 자신의 목표는 눈에 뜨지 않게, 없는 것처럼 사는 것이라고 하였다. 또한 학습자 기대요인을 살펴보면 "난 쓸모가 없어요" "잘하는 것 없지. 음~ 아무것도 못해요" "애자예요" 등의 표현을 하였고 장래희망을 말할 때는 프로게이머가 되고 싶다고 말하면서도 자신은 결코 그렇게 되지 않을 것이라는 강한 신념과 함께 자신에 대한 부정적인 인식을 나타내는 표현이 대화 중에 자주 나타났는데, "이건 안 된다니까요" "내가 여태 특수반에 다녔는데 아직도 글자를 몰라요. 싸움만 해요 노동자 될 것인데…… 글씨 몰라도 돼 우리 아버지 보면 싸움만 잘해. 나도 싸움 잘해서 노동자 되고 돈을 벌어서 컴퓨터 게임도 하고 돈을 많이 벌어야지." "잃는 것 그런 것 뭐해요? 골치만 아프게…… 나요 배우고 싶은 것이 없으니까 선생님 맘대로 하세요. 아무렇게나 하세요." 등 스스로 실패할 것이라고 생각하는 비합리적인 신념체계를 보임).

17. 문제행동이 발생하는 시간에 대해서는 체육이나 미술 등을 제외한 전반적인 교과시간에 나타남, 국어 수학 등 주요 교과시간에서 나타나거나, 과제를 해오지 않았거나 준비물이 갖추어지지 않았을 때도 발생한다고 함, 때로는 특별한 이유가 없어 보인다.

전체 학생의 문제행동에 대한 회기별 측정

_______ 학년 / 반   평가자:

회기 (날짜)	수업시간			이동시간			합계 (발생수)	월 총 빈도
	자리 이탈	교사지시 거부하기	옆 친구 방해하기	걷기 이 외 행동	떠들기	친구 몸 집적대기		
1 /								4월:
2 /								
3 /								5월:
4 /								
5 /								6월:
6 /								
7 /								7월:
8 /								
비고	측정은 매월 첫 주에 이루어지며 4월 측정은 중재 전, 5-6월 측정은 중재 기간, 7월 측정은 중재 후이다.							

<부록 Ⅲ>

관리상 훈육지도의 회기별 측정

____ / ____ : 학년 / 반   평가자

회기 (날짜)	수업 시간			이동 시간			합계 (지도수)	월 총 빈도
	경고	수업환경에서의 퇴출(타임아웃)	교감 지도	경고	수업환경에서의 퇴출(타임아웃)	교감 지도		
1 /								4월:
2 /								
3 /								5월:
4 /								
5 /								6월:
6 /								
7 /								7월:
8 /								
비고	측정은 매월 첫 주에 이루어지며 4월 측정은 중재 전, 5-6월 측정은 중재 기간, 7월 측정은 중재 후이다.							
특 이 사 항								

〈부록 Ⅳ〉

학교 분위기 질문지

______학년 / 반 ______번호　　______이름

　일반적으로 여러분의 학교에서 일어나는 일들이 묘사되어 있습니다. 각 항목에는 3개의 수행수준이 있습니다. 잘 읽어본 후에 여러분이 가장 동의하는 곳에 표시해 주세요. 매번 9번 항목까지 빠짐없이 하세요(만약 이해하지 못하는 말이 있으면 손을 드세요. 선생님이 다가가서 설명하실 것입니다.).

1. 학생 간 관계

1번 항목		
친구들과 잘 지내며 우리 반 규칙을 잘 알고 있다.	선생님을 좋아하지만 공부할 때는 관심이 다른 곳에 있는 것 같다.	선생님이나 다른 친구들에 대해서 관심이 거의 없다.

2번 항목		
학교 안에는 다양한 사람들이 있다는 것을 알고 있다.	우리 반에는 서로서로 친하게 지내는 무리들(그룹)이 있다.	서로 따로 노는 친구들이 있고 다른 애들은 싫어한다(왕따-집단 따돌림-가 있다, 장애인은 왠지 이상하다 등).

3번 항목		
우리 학교 규칙위반 0%에 도전하려는 마음이 있다.	보통 친구들에게 적절하지 않은 말을 쓰기도 한다.	적절하지 않은 말을 사용하여 다투게 된다.

4번 항목		
우리 반이 공부를 잘하는 데 우리 모두 책임이 있다.	학업성적은 나의 책임이라고 생각한다(각자의 책임).	다른 친구들의 성공에 관심이 없거나 잘되면 얄밉기도 하다.

5번 항목		
임원으로서의 활동하지 않지만 인기 있는 친구들이 있다.	학급 내에 인기 있는 학생은 다른 인기 있는 학생에게도 잘해 준다.	인기 있는 학생은 덜 인기 있는 학생에게 심부름을 시키기도 한다.

6번 항목		
선생님께서는 학생들이 서로 잘 지낼 수 있도록 노력하시고 이것은 확실히 좋은 결과를 보인다.	선생님께서는 학생들이 서로 잘 지낼 수 있도록 노력하시는데 이것이 때로는 다른 결과를 만들기도 한다.	선생님께서는 학생들이 서로 잘 지낼 수 있도록 노력하시지 않는다.

7번 항목		
대부분의 학생들이 교실에서 반/회장을 따르고 자진해서 규칙을 지킨다.	반장이나 회장을 뽑을 때 친한 아이일 때 표를 준다.	반/회장을 교사의 말만 듣는 하수인으로 생각하기에 말을 듣지 않는다.

8번 항목		
우리들에게는 재능이 있다고 믿는다.	우리들이 각자 특별한 사람들이기는 하지만 그것이 학교에서 인정받아야 한다고 생각하지 않는다.	교실에 모든 것이 약삭빠른 학생이나 뛰어난 학생에 의해서 좌우된다.

9번 항목		
대부분 내가 학급의 주인이라고 생각하고 학급결정을 받아들인다.	내 권리가 위축되어 있을 때 화가 나지만 행동으로 나서는 일은 없다.	우리는 교실에서의 권리가 없다는 태도를 취한다.
비고 (하고 싶은 말이 있으면 쓰세요)		

2. 교수 환경

1번 항목		
명백한 기대 가운데 학급이 운영된다.	우리들에게 기대하는 바가 있으며 대체로 긍정적이지만 선생님 마음대로 할 때도 있다.	교실에서의 기대행동이 명확하지 않고 학급운영이 비일관적이다.
2번 항목		
선생님은 벌, 불명예, 창피함 등을 사용하는 것을 잘 안 하신다.	어떤 학생에 대해서 필요할 때는 벌이나 창피 주기를 사용한다.	대체로 우리는 잘못했을 때 벌을 받는다.
3번 항목		
우리 반은 즐겁고 선생님은 온화하고, 감정적인 방법을 사용하지 않는다.	대부분 긍정적인 분위기를 유지하나 어떤 날은 단체기합을 받거나 잘못한 애들은 혼난다.	선생님은 우리들에게 쉽게 화를 내고 그래서 싫기도 하다.
4번 항목		
선생님은 교실 규칙과 운영에 있어서 우리들의 일반적인 생각을 최대한 받아들인다.	선생님은 가끔 우리들의 의견을 들어준다.	선생님이 규칙을 만들고 우리는 따른다.
5번 항목		
선생님은 우리들이 원하는 것이나 필요에 맞게 가르쳐 준다	선생님은 우리의 의견을 수렴하시지만 학급운영 원칙은 선생님의 말을 따라야 한다.	우리는 선생님의 말씀을 잘 들어야 칭찬을 받는다.

6번 항목		
선생님과 우리의 관계는 서로 도와주고 존중하는 관계이다.	선생님과 우리는 상호작용이 있기는 하지만 선생님이 지배적이다.	선생님과 우리 간의 상호작용은 거의 없고 선생님이 우리를 통제하고 우리는 무서워한다.
7번 항목		
선생님은 우리의 잘못한 행동에 대해서만 초점을 맞춘다.	선생님이 우리를 지도할 때 가끔 독단적이고 이랬다저랬다 해서 말씀의 요점을 이해하지 못한다.	선생님이 우리를 지도할 때 우리의 입장보다는 선생님 입장만 강조한다.
8번 항목		
선생님은 우리 반을 멋있는 학급으로 만들기 위해서 애쓴다.	선생님은 우리 반이 모두가 공부를 잘하게 만든다.	선생님은 우리가 서로 경쟁하게 만든다.
9번 항목		
학교에서 여러 가지를 배우는 것이 가장 중요하다.	우리가 학교에서 배우는 것에 제한되어 있고 그 안에서만 수용될 수 있다	학교에 행사나 다른 일들이 많아서 공부하기에도 바쁘고 벅차다.
비고 (하고 싶은 말이 있으면 쓰세요)		

3. 학습 / 평가

1번 항목		
배운 것과 할 수 있는 것에 대해서 시험을 본다.	평가(시험)는 공부 잘하는 학생들 중심으로 이루어진다.	선생님의 기준에 의해서 점수가 주어진다.

2번 항목		
배운 것과 가르친 것 / 평가는 학생 중심, 재능, 자신감에 초점을 둔다.	교수 / 평가는 타당한 학습에 관점을 두지만 아직은 공부를 잘하는 것에 초점이 있다.	교수 / 평가는 지식적인 면을 설명하고 시험으로 평가하는 데 초점을 둔다.

3번 항목		
약속된 '노력이나 수고, 경청, 태도'에 대해서 보상을 받고 준비가 되었을 때 시험을 본다.	교과서 위주의 수업을 하고 선생님의 질문에 대해서 우리가 답을 한다.	선생님은 모든 학생들이 선생님의 방식을 따라오기를 기대한다.

4번 항목		
수업은 활동적이고 우리들 중심으로 이루어지며 새로운 것을 해 볼 수 있다.	수업은 대부분 개념적으로 적절하나 가끔 진도 나가기에 바쁘다.	수업은 대부분 진도 나가기에 바쁘다.

5번 항목		
우리들은 대부분 팀(조, 모둠)을 이루어 협력적으로 수업활동을 한다.	어떤 것은 협력학습을 하기도 한다.	선생님은 우리가 서로 협력해서 공부나 수업 중 활동을 하는 것을 정신없다고 싫어한다.

6번 항목		
배우고 가르치는 내용이나 단원이 의미 있고 우리들의 생각, 친구나 다른 사람과의 관계, 인격적 성장을 촉진한다.	교수내용이나 단원이 대부분 의미 있고 흥미가 있지만 나의 관심에는 미흡하다.	교수내용이나 단원이 우리의 실제 삶이나 생활에 관련이 없다(내가 배우는 것이 의미 있는지 모르겠다).
7번 항목		
우리 반 평가 방법에는 내가 실력이 늘었다는 것을 선생님이나 친구들에게 보여줄 기회가 있다.	공부를 잘하는 경우는 자기가 실력이 늘었다는 것을 선생님이나 친구들에게 보여 줄 기회가 있다.	수업은 단지 잘하고 못하고를 가리는 것이고 최대한의 지식을 배우는 것이라고 생각된다(주입식이다).
8번 항목		
평가를 받는 것은 우리가 아는지 모르는지 혹은 어느 정도 아는지 등의 위치를 알기 위해서고 시험의 결과는 결코 벌이나 창피 주기의 도구로 사용되지 않고 학습 진보에 대한 정보제공으로 사용된다.	평가는 우리가 해야 할 학습의 끝에 이루어지는 것 같다. 성적은 일상적으로 우리를 비교하는 데 사용된다.	평가는 다른 친구들과 비교하기 위해서 사용되고 공부나 시험 준비 등을 열심히 하지 않은 학생들에게 주의를 주거나 메시지를 전달하기 위해서 사용된다.

9번 항목		
학급 보상은 학급 물건 아껴 쓰기, 학생의 수고와 노력, 학급을 위한 봉사나 공헌을 했는지에 초점이 맞추어 주어진다.	학급보상은 학업을 성실히 수행했을 때, 공부를 잘하는 반이 되었을 때, 선생님의 말을 잘 들어서 공부 잘하거나 칭찬받는 반이 되었을 때 열심히 한 대가로 주어진다.	학급보상은 오직 점수에 의해서 경쟁적인 분위기에서 비교한 결과로 주어진다(공부를 잘하거나 다른 반보다 잘한 것이 있을 때만 칭찬받는다).

비고(하고 싶은 말이 있으면 쓰세요)

4. 태도 / 문화

1번 항목		
우리는 우리가 학급 공동체의 일원이라고 생각한다.	우리가 학급에 나뉘어 있는 여러 계층(공부 잘하는 애, 못하는 애, 부잣집 애, 가난한 집 애 등)의 일원이라고 생각한다.	단지 학생이니까 학교에 다니는 것이고 학교나 교실에서는 시간표대로 따르는 것이다.
2번 항목		
우리가 학급에서 욕처럼 거칠고 부적절한 등의 공격적인 언어를 사용했을 때 친구들에게 서로 제지를 받는다.	우리들은 학급에서 부적절한 언어가 남발될 때 이를 멈추게 해줄 선생님이나 다른 어른을 찾는다.	우리는 일상적으로 욕을 하거나 나쁜 소리를 서로 하고 이것에 대해서 별 신경을 쓰지 않는다.

3번 항목		
우리는 공동의 목표를 향해서 우리 반 모두가 함께해야 한다고 믿는다.	우리는 각자 독립적으로 목표를 수행해 간다고 믿는다.	우리는 부족한 자료를 다른 학생들과 쓰기 위해서 경쟁해야 한다.

4번 항목		
우리들은 우리 반에 대해서 자랑스러움이 있고 좋은 이야기를 서로 한다.	우리들은 학급의 일반적인 것이나 혼란스러운 것들에 대해서 이야기를 한다(우리 반에 대한 느낌이 있기는 한데 어떤 것인지 잘 모르겠고 헷갈린다).	우리 반 친구들은 우리 반에 대해서 별로 안 좋아한다.

5번 항목		
우리들은 대부분 우리의 소리가 있다고 믿고, 서로의 의견을 주장하고 경청한다.	우리 반에서는 친구들 간에 확실하게 다른 의견을 가지고 있다.	우리 반에서 문제가 일어났을 때 서로 다른 의견이 있어서 조율되기 어렵다.

6번 항목		
우리 반에서나 학교에 다니는 동안 하고 싶은 것이 많고, 뭔가 해보고 싶은 것이 생기기도 한다(동기부여가 크다).	선생님은 우리들한테 특정한 시간이나 과목에 대해서 노력할 것을 요구한다(주요 교과 시간에 더 열심히 할 것).	교실에 머무는 동안 우리들 대부분은 서로 고립되어 있다고 느끼고 호의적이지 않은 환경이 있다고 생각한다.

7번 항목		
우리들은 우리끼리 혹은 선생님과 서로 이야기하는 데 있어서 편안하고 안전하다고 느낀다.	오직 선생님이 좋아하는 학생이나 공부를 잘하거나 인기가 있는 애들만이 느낌이나 의견을 자유롭게 표현할 수 있다.	우리 반에서 뭔가 우리의 생각이나 느낌을 나타내거나 이야기하는 것은 어려운 일이다(왠지 불이익이 오거나 혼나거나 안전하지 않다고 느낀다).

8번 항목		
우리들은 선생님과 이야기를 하는 데 있어서 편안하고 선생님은 언제나 우리의 이야기를 잘 들어주신다.	우리들은 선생님과 이야기하는 데 편하고 안전하다고 느낀다.	우리들은 우리의 문제에 대해서 어떤 흥미도 가지고 있지 않고 말하기도 창피하다.

9번 항목		
우리 반에서는 "우리가 하나"라는 것에 대해서 자주 이야기하고 학교활동이나 학급활동 중에서 그 사실을 알 수 있다.	학급활동 중에는 약간의 게임이나 놀 수 있는 시간이 포함된다.	교실에서는 오직 학업적인 일과만 관계가 있고 어떤 특별한 수업이나 활동이 없다(우리 반은 공부 중심이다).

비고(하고 싶은 말이 있으면 쓰세요)

5. 안 전

1번 항목		
우리 학교는 교수 / 학습에 적절한 교육적 환경을 제공하고 문제가 있을 때 적극 개선한다.	학교는 때때로 교육적(교수 / 학습) 환경을 제공하고 문제가 보일 때 보완하고자 한다.	학교는 교육적(교수 / 학습) 환경의 개선에 무관심하다

2번 항목		
교실, 복도, 화장실, 운동장 등이 매일 깨끗하다.	교실, 복도, 화장실, 운동장 등이 대체로 깨끗하다.	교실, 복도, 화장실, 운동장 등의 관리가 모호하다.

3번 항목		
학교 내에서 안전에 관계된 전문적인 상징들이 사용된다.	학교 내에서 안전에 관계된 전문적인 상징들이 약간 사용되지만 대부분 시설과 관계된다.	학교 내에서 특별히 안전에 관계된 전문적인 상징들이 사용되지 않는다.

4번 항목		
학교 기물의 파손이 없고 우리는 학교물건에 대한 주인의식이 있다.	가끔 파손된 기물이 보이며 고치는 데 시일이 걸린다.	학교물건에 대한 주인의식이 없고 파손된 기물이 있는 곳이 후미진 곳이라면 방치된다.

5번 항목		
우리 학교에는 안전에 대한 정기적인 학생교육과 실습이 있다(예: 소방훈련, 위험물 관리 등).	학생안전에 대한 교육이 이루어지고는 있으나 아직 적극적이지는 않다.	안전에 대한 교육이 형식적으로 이루어지기 때문에 우리는 안전에 대해서 별 생각이 없다.

6번 항목		
우리 학교 선생님들과 학생들은 학교 수위 아저씨나 청소 아주머니 등 학교에서 일하시는 분들을 존중하고 고맙게 생각하고 친절하게 대한다.	선생님들이나 학생들이 대체로 학교 수위 아저씨나 청소 아주머니 등 학교에서 일하시는 분들과 일상적인 상호작용을 한다.	선생님들이나 학생과 관리인들 간의 상호작용이 거의 교사 우위적으로 이루어진다(우리는 학교 일을 도와주는 분들에게 함부로 대한다).

7번 항목		
우리 학교는 어디에나 낙서가 드물다.	낙서 행동이 가끔 발생하지만 수위 아저씨나 청소 아주머니들이 치우신다.	학교에 반항적인 낙서가 발견되기도 하고 우리들은 가끔 선생님 몰래 낙서를 하기도 한다(들키지 않는다면 재미있다).

8번 항목		
우리 학교에는 교실, 복도, 운동장에 쓰레기나 오물이 없다.	우리 학교에는 교실, 복도, 운동장에 쓰레기나 오물이 있지만 일과 후에는 치워진다.	우리 학교는 쓰레기 관리에 특별한 주의를 기울이지 않는다.

9번 항목		
우리 학교에는 학교 폭력이나 집단 따돌림이 없다.	가끔 폭력적인 면이나 따돌림이 있지만 선생님들에 의해서 제지되고 관리된다.	폭력과 따돌림으로 우리들이 불안감을 느끼고, 선생님들도 신경을 쓰고 주의를 기울인다.

비고(하고 싶은 말이 있으면 쓰세요)

처음부터 끝까지 다 했나 확인해 주세요. 이 질문들은 무엇을 평가하거나 판단하기 위한 것이 아닙니다. 여러분이 학교에 대해서 느끼는 바를 알기 위한 것입니다. 솔직하게 표현해 주셔서 감사합니다.

삶의 질 면담 질문지

반: 학생명: 가족 및 형제 관계:

면담자:

학생과의 관계: 담임교사 / 특수교사 / 부모 / 주양육자 / 지역사회관련

인(   )

면담일시:

질문내용

1. ________가 자기 또래의 다른 학생과 함께 어울려 활동할 수 있는 기회가 얼마나 된다고 생각하십니까?

   예: 집, 학교(또래 내), 방과 후 시간, 교회, 작업 활동, 여가, 지역사회

2. ________가 자기 또래의 다른 학생과 함께 어울려 활동할 때 어떤 역할을 가지고 참여합니까? 혹시 아무것도 하지 않을 때가 있습니까? 혹은 생각하시기에 아무것도 하지 않을 때가 있다면 언제라고 생각하십니까?

3. _________가 위의 예에서 제시된 환경 기여하는 바가 있다면 그 정도(공헌도)는 어느 정도라고 생각하십니까?

4. _________가 자기 또래의 다른 학생과 어울리는 정도(친구들과의 관계나 친구들이 대하는 태도)는 어떻다고 생각하십니까?

5. 학교에서 다른 선생님들이 _________를 어떻게 대한다고 생각하십니까?

6. _________가 학교의 일상이나 공부 등에 대해서 걱정을 하거나 어떤 기대를 바란다고 생각하십니까(_______의 학교생활을 어떻습니까)?

7. _________가 일상생활에서 자신이 좋아하는 것을 어떻게 표현하고 그 정도는 어떻습니까?

8. _________가 생활 속에서 얼마나 많은 재미와 즐거움을 느낀다고 생각하십니까?

9. _________가 새로운 기술이나 새로운 것을 배우는 능력 면에서 어떤 점(어려운 점, 잘하는 면)을 지니고 있다고 생각하십니까?

10. _________가 친구들이나 부모, 선생님과 의사소통을 할 때 특별히 좋아하는 방법이 있다거나 본인이 효과적으로 사용하는 것이 있습니까(____는 어떤 방법으로 의사소통하기를 좋아합니까)?

11. _________가 자신을 통제해야 할 상황에서 어떤 방법을 사용합니까?

12. 생각하시기에 _________가 지니는 일반적인 행복도는 어떻습니까?

13. 부모님, 선생님께서 느끼는 아동의 삶의 질은 어떻습니까?

14. _________의 일반적인 건강과 복지 수준은 어떻습니까?

15. 부모님, 선생님께서 위의 질문 이외에 학생의 삶의 질에 관계하

여 하고 싶은 말씀이 있으면 해주십시오.

출처: Keith, K. D., & Schalock, R. L.(1995). Quality of student life questionnaire. IDS.
Hughes, C., Hwang, B., Kim, J., Eisenman, L. T., & Killian, D. J.(1995). Quality of life in applied research: A review and analysis of empirical measures. *American journal on Mental Retardation, 99*(6), 632−641.

주의사항: 면담은 자유로운 분위기에서 면담 대상 교사의 교실에서 방과 후에 실시한다. 만약 부모님이나 지역사회 관련인이 원하는 경우는 원하는 장소에서 면담을 실시하도록 한다. 예상 면담 시간(30분 정도)과 녹음에 대해서 먼저 대상자에게 공지하고 사전 동의를 구한다. 면담 전에 면담내용을 미리 알려주어서 면담 대상자가 미처 생각해 보지 않은 부분으로 인하여 당황하거나 답을 하지 못하는 경우가 없도록 한다. 질문에 대해서 충분히 이해하지 못하는 경우 다시 설명하고 면담의 말미에서 대강의 내용을 정리해서 확인하는 작업을 거친 후에 감사의 인사로 마무리한다. 필요할 경우 전화나 이메일로 추가 질문을 할 수 있도록 양해를 구한다.

〈부록 Ⅵ〉

교사 및 학교 관계자에 관한 연구자 피드백 항목

학년 / 학급: 6 - 3   교사 및 학교관계자 명: ***

A. 보편적 지원: 학교차원의 실행으로서 사전행동 조사와 기대행동 정하기	일시 & 실행도	
A-1 학교 환경과 교수 구조 개선을 실시했는가?	4 / 6	① 2
A-2 전체 기본 질서 집중 프로그램을 실시했는가?	/	1 2
A-3 집중 구호 익히기를 실시했는가?	/	1 2
A-4 자유시간(집단강화)을 실시했는가?	/	1 2
A-5 질서 평가단을 구성하고 그의 결과로 우수 반 표창을 실시했는가?	/	1 2
A-6 질서 당번제를 운영했는가?	/	1 2
A-7 사회적 기술교수를 실시했는가?	/	1 2
A-8 토큰 경제를 실시했는가?	/	1 2
A-9 자기점검과 평가를 실시하였는가?	/	1 2
B. 개별적 지원		
B-1 기능평가를 실시하고 긍정적 행동지원계획안을 작성하였는가?	/	1 2
B-2 사회적 상황을 고려하여 긍정적 행동 지원 계획을 실시하였는가?	/	1 2
B-3 교육환경의 조절을 하였는가?	/	1 2
B-4 대체행동을 교수하였는가?	/	1 2

B - 5	후속사건을 중재하였는가?	/	1 2
B - 6	지원학생이 속한 학교에서의 삶의 질 증진을 위한 지원: 월례회에서 나온 의견을 교수활동에 반영했는가?	/	1 2
C. 체제 개선(학교차원)			
C - 1	체계적인 시간관리를 하였는가?	/	1 2
C - 2	월례회에서 맡은 역할을 수행했는가?	/	1 2

*중재의 바른 수행은 1, 잘못된 수행이나 수행하지 않았으면 0표시로 기록한다.

프로그램 향상을 위한 구체적인 항목에 대한 피드백의 예시

항목번호와 설명	프로그램의 강점, 잘한 점	고려되거나 조정되어야 할 점
A - 1: 학교 환경 구조화에 관하여	* 선생님 반의 경우 복도의 교실 쪽 벽면에 게시판을 두시고 작은 코너를 만들어서 학교의 규칙에 대한 구호를 게시한 점이 참 좋았습니다, 앞으로 코너가 활성화되리라 생각됩니다. * 학교에서 지킬 일에 대해서 학생들이 순위를 매기면서 직접 생각해 보게 하신 것도 학생들의 의사가 존중되고 선생님과 상호 작용하는 면이 자연스럽게 나타나게 되어서 좋다고 생각되었습니다. * 가정과 연락하여 학생들의 다짐을 부모님께 전달하게 한 점과 선생님 반의 홈페이지 게시판에 올리게 하신 것도 돋보이는 아이디어였습니다.	* 환경의 구조화를 실시하실 때 교실 벽과 복도 벽면에 전체 학생들의 작품을 게시하다 보니 너무 많은 게시물로 학생들에게 전달하고자 하는 구호가 시각적으로 산만해 보입니다. 다소 정리하시면 어떨까 싶습니다. * 수준 시스템을 적용하실 때 선생님께서 학생들과 친근하게 지내시는 것이나 혹 규칙에 대해서 엄격하게 적용하시는 것의 경계가 불분명했습니다. * 예를 들어서 지난 월요일 1교시 방송조회시간에 2명의 학생이 단지 선생님께 교감선생님께서 순시하신다는 것을 전하였을 뿐인데 "너희들은 참견하지 말라고 했지, 너희들 나와서 무릎 꿇어"라고 하셨습니다. 학생들이 보인 반응은 상당히 억울하다는 표정을 지었습니다.

항목번호와 설명	프로그램의 강점, 잘한 점	고려되거나 조정되어야 할 점
A - 1: 학교 환경 구조화에 관하여	* 선생님이 "교사다움의 표"를 만들어서 선생님의 행동에 대한 실천사항 점검표를 만드신 것은 선생님만의 강점으로 이후 교사회의에서 하나의 방법으로 제시해 주시면 전체 선생님들의 생각은 어떠신지 검토해 볼 만한 사안이라고 생각됩니다.	* 게다가 선생님께서 5분간이나 벌을 세우시고 들어가라고 하시면서 웃으면서 머리를 쥐어박으셨는데 그것은 선생님의 반 규칙을 적용하시는 것과는 거리가 있는 것입니다.
A - 8 수준 시스템을 적용하여 강화하기에 관하여	* 학생들에게 학생들의 행동에 대한 상벌체계를 강조하시고 여러 가지 재미있는 방법으로 상기시키는 점이 좋았습니다. 또 벌을 받을 경우보다는 학생들이 잘하고 있는 점에 대해서 다시 한 번 상기시키시고 더 많이 이야기하시고 예를 들어주시는 것도 좋아보였습니다.	* 같은 맥락으로 학년부장선생님이나 기타 질서 우수반 평가를 위해서 담당 선생님들께서 전체를 순시하실 때도 선생님께서 다소 예민하게 반응하시면서 학생들의 행동에 대해서 평소와 다른 점수를 주셨는데 이것은 우리가 꼭 지켜야 할 일관성에서 벗어나는 것이며 또 학생들과 약속하신 바와도 다른 지도였습니다. 잘못된 행동에 대해서 그 자리에서 다시 지도하시는 것과 무차별격인 벌을 주시는 것과는 다르다고 말씀드린 바 있습니다. * 또 선생님의 그러한 행동에 대해서는 점검하시지 않으셨는데 아마 가볍게 여기셔서 지나가신 듯합니다.

선생님

전체적으로 지금은 프로그램 진행의 초기인데도, 선생님 반의 경우는 선생님께서 적극적으로 지도하시고 동시에 선생님이 학교차원의 긍정적 행동지원에 대한 필요성을 절감하신다고 하셔서 그런지 매사에 학생들의 변화가 눈에 띕니다. 또한 선생님께서 편안하게 여러 가지에 대해서 물어주시니 저도 좋습니다.

다음 주까지 선생님께서 신경 쓰셨으면 하는 점은 행동지원팀 회의에서 결정된 사안을 잘 지키시는 것도 중요하지만, 학생들과 더불어서 함께 진행된다는 것입니다. 매일 아침 일관된 지도로 시작해서 하루가 마무리되어야 한다는 것에 대해서 항상 생각하시기를 바랍니다.

감사합니다.

〈부록 Ⅶ〉

사회적 타당도

학교 관리자 및 교사 대상

질문	내용	척도
1	이 연구를 통해서 문제행동을 지니고 있는 학생을 가르치는 것에 대한 나의 능력이 증진되었다.	1 2 3 4 5
2	나는 문제행동 지도에 있어서 사용하기에 쉬운 전략과 교수기술을 찾았다.	1 2 3 4 5
3	이 연구는 문제행동을 지니고 있는 학생을 포함해서 학교 내 모든 학생의 교육적 필요에 부합한다.	1 2 3 4 5
4	대상 학생들이 이 프로젝트 참여를 즐기는 것 같다.	1 2 3 4 5
5	나는 이 프로젝트를 다른 교사에게 추천하고 싶다.	1 2 3 4 5

개별지원 대상 학생의 부모 및 주 양육자 대상

질문	내용	척도
1	이 연구를 통해서 문제행동을 지니고 있는 학생을 양육하는 것에 대한 나의 능력이 증진되었다.	1 2 3 4 5
2	이 연구는 문제행동을 지니고 있는 학생이 학교생활과 가정생활에서 긍정적인 변화가 나타났다.	1 2 3 4 5
3	대상 학생이 이 프로젝트 참여를 즐기는 것 같다.	1 2 3 4 5
4	나는 이 프로젝트를 다른 학부모에게 추천하고 싶다.	1 2 3 4 5

개별 지원 대상 학생의 기타 지역사회 관련인 대상

질문	내용	척도
1	이 연구의 참여를 통해서 문제행동을 지니고 있는 학생을 이해하거나 교수하는 것에 대한 나의 능력이 증진되었다.	1 2 3 4 5
2	이 연구는 문제행동을 지니고 있는 학생이 학교생활과 지역사회에서의 생활에서 긍정적인 변화가 나타났다.	1 2 3 4 5
3	대상 학생이 이 프로젝트 참여를 즐기는 것 같다.	1 2 3 4 5
4	나는 이 프로젝트를 다른 관련인들에게 추천하고 싶다.	1 2 3 4 5

1(전혀 동의하지 않는다) 2(동의하지 않는다) 3(보통이다) 4(동의한다) 5(전적으로 동의한다)

김미선　　　－약　력－
　　　　　　이화여자대학교 사범대학 특수교육학과 졸업(문학사)
　　　　　　이화여자대학교 대학원 특수교육학과 졸업(문학석사)
　　　　　　이화여자대학교 대학원 졸업(특수교육학박사)
　　　　　　이화여자대학교 발달장애 아동센터 연구원
　　　　　　한국육영학교, 서울 마천초등학교, 한국우진학교 교사
　　　　　　이화여자대학교특수교육연구소 박사후 연구원
　　　　　　이화여자대학교, 이화여자대학교 교육대학원, 한신대학교,
　　　　　　나사렛대학교, 백석대학교, 세종대학교 교육대학원 강사 역임
　　　　　　현 영동대학교 초등특수교육과 교수

　　　　　　－주요논저－
　　　　　　「연구논문」
　　　　　　•효율적인 학급관리로서의 학급차원의 긍정적 행동지원(2008)
　　　　　　•장애대학생의 대학 내 지원에 관한 당사자들의 인식 및 요구(2008)
　　　　　　•학교차원의 긍정적 행동지원이 초등학교 학생들의 문제행동과 학교
　　　　　　　분위기에 미치는 영향(2006)
　　　　　　•의사소통장애의 진단과 중재에 대한 특수교사의 인식(2006)
　　　　　　•학급차원의 긍정적인 행동지원이 문제행동을 보이는 초등학교 장애
　　　　　　　학생과 그 또래의 문제행동에 미치는 영향(2005)
　　　　　　•건강장애 학생이 겪는 어려움과 지원방안에 대한 질적 연구(2005)
　　　　　　•일반학급 내 정서 및 행동문제를 가진 아동의 특성과 지원 요구에
　　　　　　　대한 질적 연구(2004)
　　　　　　•장애학생을 위한 학교차원에서의 긍정적 행동지원 고찰(2004)

　　　　　　『저서』
　　　　　　장애아동을 위한 미술교육(2004)

한 학교
(와 세 명의 아이들)
이야기

초판인쇄 | 2008년 12월 20일
초판발행 | 2008년 12월 20일

지은이 | 김미선
펴낸이 | 채종준
펴낸곳 | 한국학술정보㈜
주 소 | 경기도 파주시 교하읍 문발리 513-5 파주출판문화정보산업단지
전 화 | 031) 908-3181(대표)
팩 스 | 031) 908-3189
홈페이지 | http://www.kstudy.com
E-mail | 출판사업부 publish@kstudy.com

등 록 |
가 격 | 26,000원

ISBN   978-89-534-0802-9 93370(Paper Book)
        978-89-534-0803-6 98370(e-Book)